KB214818

교회 다닌다고 말도 못하고

교회 다닌다고 말도 못하고

2021년 5월 26일 초판 1쇄 발행
2021년 6월 10일 초판 2쇄 발행

기획 강선, 윤철규, 정유진
편집 문선형, 정유진
디자인 잔
마케팅 강동현
경영지원 김내리
펴낸이 최태준
펴낸곳 무근검
주소 서울특별시 송파구 올림픽로 4길 17, A동 301호
홈페이지 www.facebook.com/lampbooks
이메일 book@lamp.or.kr   **전화** 02-420-3155
등록 2014. 2. 21. 제2014-000020호
ISBN 979-11-87506-67-6 (00230)

© 무근검 2021
이 책의 저작권은 무근검이 소유합니다.
신저작권법에 의하여 한국 내에서 보호받는 저작물이므로
무단 전재와 복제를 금합니다.

교회를 떠날 수 없는 우리들의 이야기

교회 다닌다고 말도 못하고

무근검

내 주변에는 교회에 다니는 사람들이 꽤 많다. 모태 신앙인으로 자라 와 까마득한 어린 시절부터 교회에서 놀았다는 사람도 있고, 친한 누군가에게 이끌려 교회에 한번 가 봤는데 어쩌다 보니 여태 다니고 있다는 사람도 있다. 학창 시절에는 제법 열심을 내다가 직장 생활을 하면서 교회로부터 서서히 멀어졌다는 사람도 있고, 어떤 계기로 뒤늦게 교회에 열심을 내는 사람도 있다. 교회에 첫발을 내딛은 저마다의 이유는 달라도, 많은 이들이 교회에 온다.

교회에 가 보면, 매주 다양한 사람들이 모이고 흩어진다. 얼핏 그들이 교회로 모여 교회의 영향을 가득 받고 돌아가는 것처럼 보이지만, 교회의 일원이 되어 보니, 교회는 매주 오는 그 수많은 사람들이 만들어 가고 있었다. 문득 교회를 일구어 가는 그들의 생각이 궁금해졌다. 그런데 서점에서 신앙 서적 한 권 읽어 보려 하면, 대부분의 저자가 대형 교회를 이끄는 유명한 목사님이거나 드라마틱한 간증거리가 있는 명사들이었다. 이렇게나 많은 사람이 교회를 다니거나 떠나는데, 정작 교회를 구성하는 평범한 사람들의 이야기는 어디서 들어 볼 수 있을까.

그 평범한 사람들을 만나 묻고 싶어졌다. 어떤 생각으로 교회에 다니는지, 어떤 마음이 들어 교회를 떠나고 싶었는지, 기독교인이라는 사실을 자랑스럽게 여기는지, 그들에게 교회란, 신앙이란 무엇인지, 신자로서 바라보는 삶, 행복, 고통, 만족이란 무엇인지.

인터뷰집을 기획할 무렵, '코로나19'라는 미증유의 바이러스가 구석구석 퍼져 가고 있었다. 감염 확산의 우려로 교회는 곳곳이 폐쇄되었고, 영상 예배가 주일 아침의 일상이 되어 버렸다. 예배는 목숨과도 같다며 대면 예배를 강행하다가 뉴스 기사에 오르는 교회가 늘어 갔다. '교인 출입 금지'를 써 붙이는 교회 주변 상가들도 생겨났다.

교회발 2차 감염이 무서운 속도로 확산되던 어느 여름날 새벽, 위경련으로 응급실에 간 적이 있었다. 응급실 인턴은 어디가 불편하냐는 질문 대신 다짜고짜 교회에 간 적 있는지부터 물었다. 배 속이 뒤틀리는 것 같은 통증을 느끼며, 교회 다닌다는 말을 해도 되는 상황인지 순간적으로 망설이게 되었다. 이렇게 다급한 상황이 아니더라도 지금은 교회에 다닌다고 흔쾌히 말하기 어려운 시대 같다.

그럼에도 나를 비롯한 많은 사람이 여전히 비대면 예배를 드리며 온라인 교회를 다니고(?) 있다. 신앙이 있다고, 교회에 다닌다고 더 행복해지거나 세상을 편하게 살아갈 비법이 주어지는 것도 아닌데. 무엇이 우리를 교회로 이끄는 걸까. 왜 우리는 여전히 기독교 신자로 살아가는 걸까.

대면 인터뷰를 진행하기 어려워 메일로 서면 인터뷰를 진행했다. 모두 신앙에 대해, 교회에 대해 고민하고 있었고, 고민만큼 글은 진지했다. 누구에게나 열려 있었고, 가고 싶으면 언제든 갈 수 있었던 교회에 더 이상 갈 수 없게 되니, 다들 함께했던 교회 시절을 그리워하고 있었다.

   교회에 다니는 사람들도 그렇지 않은 사람들과 살아가는 모습은 별반 다르지 않았다. 다만 다른 점이 있다면, 그들은 가야 할 곳이 어디인지를 분명히 알고 있으며, 그 하나가 삶을 살아갈 유일한 이유가 되어, 힘겨워도 도저히 포기할 수 없는 하루하루를 씩씩하게 시작해 본다는 점이었다. 그 한 줌의 생각, 그 한마디의 말이, 그럼에도 교회가 여전히 우리에게 희망이며, 삶이 왜 소중한 것인지를 헤아리게 해 주었다.

인터뷰집을 펴내며 더 많은 사람들에게 묻고 싶어졌다.
이 책을 펼친 당신은 왜 교회에 다니고 있을까?
교회 다닌다고 말도 못하면서.

contents

"내가 현재 어디에 있고,
어디로 가야 하는지가 분명하다는 것은
정말 큰 축복인 것 같아요."

—

"내 삶에 신앙이 없다고 생각하면
너무 공허하다.
과연 무엇으로 살아갈 수 있을까."

—

"하나님은 모든 것을
선으로 만드시기 때문에
우리는 서로 사랑해야 한다."

—

"신앙은 자라나는 게 아니었다.
하나님이 우리를 키우기에
고단하신 거였다."

—

"하나님이 계시지 않았으면
설명할 수 없는 일들이
너무나도 많아져 버리네요."
———
121

"확실히 기독교 안에 있어야
인간에 대한 입체적 이해를
갖게 된다는 것을 느낀다."
———
143

"하나님을 부인하고 살 수 없다는 것을
깨달았을 때 하나님을 진짜로
믿고 있다는 생각이 들었습니다."
———
167

"하나님은 변함없이
저를 사랑하고 계시다는 생각을
지울 수가 없습니다."
———
191

서청원 | 39세 | 영업 사원 | 교회생활 31년 차

내가 현재 어디에 있고,
어디로 가야 하는지가 분명하다는 것은
정말 큰 축복인 것 같아요.

자기소개 부탁드려요.

안녕하세요. 저는 삼십 대 후반 직장인입니다. 현재 의류에
사용되는 원자재 관련 영업 일을 합니다. 요즘에는 '최소한
회사의 코로나 1호 확진자가 돼서는 안 된다'라는 생각으로
개인 방역에 충실하며 일하고 있고요. 올해로 결혼 6년 차
이고 아이를 소망하고 있습니다.

**코로나 시대에 어떻게 살고 있나요? 특별한 일이 있었는지
궁금합니다.**

코로나 이전에도 워낙 집돌이였어서 그다지 삶에 큰 변화

가 있는지 모르겠습니다. 우리 가족은 1년에 한 번 국내든 해외든 여행을 가서 스냅사진을 찍어 남기고 그 사진들로 다음 해 탁상 달력을 만드는 나름의 가족 문화(?)가 있습니다. 작년에는 코로나 때문에 여행이 자유롭지 않아 스냅사진을 어떻게 찍어야 할지 고민하던 중, '셀프사진관'이라는 게 생겼다는 것을 알고 셀프로 진행해 봤는데 결과가 나름 만족스러웠습니다. 이 경험을 통해 시대의 여러 상황에 따라 세상은 참 기민하게 반응하고 변화하고 있음을 느꼈습니다.

코로나 시대에 일하는 방식은 달라졌나요?

회사가 크지 않고 제조업 성격이 강하다 보니, 여느 회사들과 달리 코로나 시대 이전과 큰 차이 없이 출퇴근하며 일하고 있습니다. 저와 비슷한 규모의 회사에 다니는 직장인들은 상황이 크게 다르지 않을 것 같아요.

코로나 바이러스 확산 방지로 교회에 갈 수 없었을 때 기분이 어땠나요?

처음에 들었던 생각은 주일 아침이 이렇게 여유로웠나 하는 것이었습니다. 제가 사는 곳은 교회와 다른 구(區)에 있어서 차를 타고 이동해야 하는 데다 예배 준비를 돕는 역할을 맡다 보니 주일 아침이면 일어나서 정신없이 준비하고 늦지 않게 나가는 것이 일상이었는데, 온라인 예배로 전환된 이후에는 일어나서 씻고 심지어 아침을 먹어도 시간이 여유롭게 남더라고요.

아직은 젊은 편이라 온라인 환경에 적응하는 것이 어렵지 않아 별다른 불편함을 느끼지 않습니다만, 제가 다니는 교회는 특성상 지역을 기반으로 모이지 않다 보니, 교인들과의 만남이 쉽지 않은 데 대한 아쉬움은 분명히 있는 것 같습니다.

교회에서 주도한 집회로 인한 코로나 집단감염 사건에 대한 기사를 접했을 때 어떤 생각이 들었나요?

개인적으로 심각하게 다가왔던 이슈이기도 했습니다. 제가 부모님과 크게 부딪혔던 부분이기도 했거든요. 처음에는 공동체에 대한 사랑과 관심보다 자신들의 신념과 정치적 이익을 위해 여러 교인들이 이용되고 소비되는 점에 분노하며, 조금 비약적인 표현일 수 있겠지만(이런 표현이 많이 조심스럽긴 합니다만), 이단에 가족을 빼앗긴 사람들의 심정이 이렇지 않을까 하는 생각까지도 해 봤습니다. 시간이 지나면서 부모님 세대가 살아왔던 시대와 더불어 맹목적이고 배타적인 신앙(은사 중심, 직통계시 등)과 같이 그동안 한국 교회에서 가르치고 집중했던 내용들을 생각해 봤을 때, 어찌 보면 이미 예견되었다고 할 수 있는 현상이라 생각하기에 이제는 이와 관련한 이해의 폭이 어느 정도 넓어진 것 같습니다. 그러나 여전히 애석한 부분이 많은 것은 사실입니다.

기독교인으로서 코로나 시대를 어떻게 보내면 좋을까요?

개인의 신앙을 돌아보고 그것을 철저하게 다시 세우는 부분이 필요한 것 같습니다. 그동안 나의 신앙과 나의 영성이라 여겼던 것들이 나 개인의 것이 아닌 공동체의 것을 차용했던 것은 아니었는지 돌아봐야 할 것 같아요. 결국 그것을 판단하는 기준은 하나님과의 인격적인 관계인 것 같고요. 갑자기 '너무 멀리 왔나요'라는 찬양 제목이 떠오르네요.

코로나 사태가 종식되면 가장 먼저 무엇을 하고 싶나요?

아내는 벌써부터 코로나 사태가 종식되면 가고 싶은 여행지를 계속 알아보고 있는 것 같아요. ㅎㅎ 그런 날이 오면 저 또한 아내와 같이 자유롭게 여행을 하고 싶다는 생각을 했는데, 최근 직무 관련 교육을 받느라 실내에서 오랜 시간 동안 마스크를 쓰고 지내다 보니 마스크 없이 자유롭게 호흡하며 돌아다니기만 해도 감지덕지일 것 같네요.

그동안 나의 신앙과 나의 영성이라 여겼던 것들이
나 개인의 것이 아닌 공동체의 것을 차용했던 것은
아니었는지 돌아봐야 할 것 같아요

-

코로나가 있기 전, 매 주일 교회에 빠지지 않고 나갔던 이유는 무엇인가요?

저도 이 점이 궁금해서 이와 관련된 글을 SNS에 올렸던 적이 있는데요, 저와 지인들 대부분의 결론은 '의리'로 귀결되었습니다. 그것은 하나님에 대한 의리이거나 공동체 혹은 함께 믿는 교우에 대한 의리 모두를 포함하는 것 같고요.

세상은 정말 너무나도 빠르게 변화하는 것 같은데 한국 교회의 가르침이 그런 가치나 사회적 표준에 관하여 유효한 것인지에 대한 고민을 하게 됩니다. 그러다 보니 하나님의 존재나 예수 그리스도의 대속의 죽음 등은 의심하지 않더라도 기존의 체계에서 신앙생활을 계속 잘 이어 갈 수 있을까에 대한 고민이 조금씩 생기는 것 같습니다. 라고 쓰고 개인적으로 '가나안 교인(교회 없는 크리스천)'에 대한 이해의 폭이 넓어졌다고 읽고 싶네요.^^;;

처음 어떻게 교회에 가게 되었나요?

모태 신앙은 아니고, 정확히 기억나지 않지만 유치원에 다닐 때인가 친한 친구에게 이끌려서 처음으로 교회에 가게 되었습니다.

지금까지 어떤 교회들을 다녔나요?

지금까지 다닌 교회는 다섯 군데 정도 되는 것 같아요. 주로 이사를 하거나 부모님의 선택에 의해 교회가 결정되었던 것 같고요. 대부분 장로교에서 신앙생활을 했지만 학창 시절에는 은사를 강조하는 교회나 순복음 계열의 교회에서도 잠시 신앙생활을 했던 적이 있습니다. 대학생이 되어서는 대학교 안에 있는 교회(초교파)에 다니며 신앙적으로 나름의 독립을 하고 그 기틀을 세우게 되었던 것 같아요. 지금은 합신 교단 쪽 교회에 다니고 있습니다.

나에게 교회란 어떤 곳인가요?

어린 시절에는 교회가 즐거운 곳이었습니다. 친구들도 있었고, 당시에는 교회가 세상보다 문화를 선도하는 부분들이 있어 나름 문화적 충만함(?)을 누렸거든요. 대학 시절을 보냈던 교회는 신앙적으로 소중한 추억들이 많아 저에게 '벧엘'과 같은 곳이고요. 현재의 교회는 글쎄요, 교역자도 아닌데 주말에 '투잡'으로 뛰는 직장(?) 같은 느낌으로 다가오네요. 지금 조금 지쳐 있어 그런지도 모르겠어요. 아, 아까 말한 찬양이 또 떠오르네요. '너무 멀리 왔나요' ^^;;

교회에 대한 좋은 기억과 나쁜 기억이 있다면 알려 주세요.

하나님을 경험한 소위 첫사랑의 기억이면 좋겠지만, 애석하게
도 그런 종류의 기억은 아닌 것 같습니다. 학창 시절 친구들과
피아노 앞에 모여 《찬미예수》라는 찬양곡집을 펴놓고 앞에서
부터 한 장씩 넘겨 가며 찬양을 했던 경험이나 지금은 불가능
하지만, 성탄절에 '새벽송'을 돌고 선후배들과 속칭 올나이트를
했던 경험이 기억에 제일 많이 남는 것 같아요. 나쁜 기억은 딱
히 없는데, 어릴 때 예배를 마치고 집에 돌아가는 길에 무단횡
단을 하시던 장로님들이나 권사님들의 모습을 보며 흠칫 놀랐
던 기억이 있습니다.

**개인적으로 마음에 들었던 목사님과 좋지 않게 여겨졌던 목사
님이 있었다면 이야기해 주세요.**

아무래도 설교 말씀의 깊이에 달려 있는 것 같아요. 성경을 어
떻게 보고 해석하는지도 중요한 것 같고요. 대학교 때 은사님
(목사님)은 설교의 주된 내용이 '예수 그리스도의 십자가'였는
데도 그걸 반복하시는 게 지루하다거나 그렇지 않았어요. 그만
큼 중요한 거니까요.

　제가 신학을 잘 모르긴 합니다만, 인간의 지성으로 하나님을
온전히 알고 이해한다는 건 불가능하잖아요. 그러니 개신교 내
에서도 교파가 많이 나뉘었을 거고요. 그런데 대학 때 수련회

에 가면, 오후 강의 시간에 들어오셔서는 오전 시간에 강의하
신 목사님의 설교를 '까고' 시작하는 목사님이 계셨는데(그 성
경 말씀은 그렇게 해석하고 적용하면 안 되는 거라고 하면서
요.) 그렇게 배려나 사랑이 없는 목사님들은 좋지 않았던 것 같
아요.

교회에 가고 싶지 않았던 적이 있다면 이유가 무엇인가요?

'바쁘다 바빠 현대사회'를 살다 보니 피곤할 때 교회에 가기가
힘든 것 같습니다. 또 제 경험으로는, 예배 시작 전 찬양 시간
에 인도를 한 적이 있었는데, 성도들로부터 느린 곡을 부르면
마음의 문이 열리지 않는다거나 자주 부르지 않았던 복음성가
를 부르면 익숙하지 않아 은혜가 되지 않는다거나 하는 등의
불평을 들었을 때 심각하게 고민하기도 했어요.

교회생활에서 아쉬운 부분이 있다면 무엇인가요?

안 그래도 요즘 고민하는 부분입니다. 예전에는 말씀의 은혜라
든가 예배의 기쁨 등이 제일 중요하다고 생각했는데, 아무래도
신앙을 위한 각자의 몸부림 못지않게 공동체에서의 수평적인
관계도 중요한 것 같거든요. 특히 지금처럼 사회의 규범이나 가
치가 급격하게 변하는 상황 가운데 내가 제대로 살고 있는지,

어떻게 살아야 하는지 등등 고민이 많습니다. 말하자면 이런 주중의 고민을(주말과 주중의 삶을 나누는 것이 적절하지 않습니다만) 함께 나눌 수 있는 친구 같은 존재가 있으면 좋을 것 같은데, 교역자 분들과 함께 이야기하기에는 '답정너'적인 측면이 많아서 아쉽습니다.

교회가 어떤 곳이 되었으면 좋겠나요?

부담이 없는 곳이었으면 좋겠어요. 아무래도 기득권(?)을 가진 기성세대가 교회에서도 주축을 이루다 보니 한국 사회에 만연한 권위주의적인 측면이 교회에 남아 있는 것 같아요. 그러다 보니 각자의 개성이나 다양성이 존중되지 못하고 일부 사람들은 교회에 발붙이기가 어려운 부분이 있는 것 같아요. 물론 세상의 가치와 타협하지 말아야 하는 핵심은 반드시 지켜야 하지만 만일 그 갈등이 부차적인 것이라면 포용하고 용납하는 곳이 될 수 있으면 좋겠습니다. 그러기 위해서는 핵심이 무엇인지를 명확히 하는 것이 필요할 것 같고요.

언제 신앙심이 생겼나요?

중고등학생 때도 나름 신앙이 있다고 자부했는데, 그건 다분히 문화적이고 관습적인 것이었음을 대학에 들어간 이후로 깨

닿게 되었어요. 대학에서 기독교 동아리 활동을 하고 성경을 배우면서 신앙심이 생기고 깊어진 것 같습니다.

신앙이 변화된 계기가 있었나요?

저는 모태 신앙은 아니지만, 바울처럼 드라마틱한 회심의 경험도 없었던 것 같아요. 이 부분에 대하여 '이른 아침 이슬이 내린 숲속을 거닐다 보니 어느새 흠뻑 젖어 있는 스스로를 발견했다'라고 하신 어느 목사님의 표현이 인상적이어서 그걸로 대체해 봅니다.

나는 왜 계속 기독교 신앙을 유지하고 있다고 생각하나요?

'의리'라고 할 수 있습니다. 저는 지금도 여전히 제 나름대로 구도자의 길을 간다고 생각하는데요, 성경에서 이야기하는 하나님의 천지창조, 예수 그리스도의 대속의 죽음 등에 대해 반박하는 논리나 근거들이 아직까지는 저를 설득하지 못하는 것이 제가 신앙을 유지하게 되는 이유라고 할 수 있을 것 같습니다.

현재 고민하는 신앙 문제가 있다면 무엇인가요?

교회의 가르침이 사회의 변화를 따라가지 못한다는 것입니다.

지키고 사수해야 할 부분과 유연해야 할 부분이 있다고 생각하는데, 아직도 그 사이에서 왔다 갔다 하는 것 같습니다. 성경에 보면, 나아만 장군이 하나님으로부터 나병을 고침 받고 이스라엘에 하나님이 계심을 믿게 된 이야기가 나오는데요, 그가 어쩔 수 없이 전처럼 이방 신당에서 이방신을 경배해야만 하는 상황 때문에 고민하며 용서를 구할 때, 엘리사가 그에게 '너는 평안히 가라'라고 말해 줍니다. 지금 한국 교회에서 성도들에게 이 정도의 이야기만 해 주어도 사람들이 힘을 얻어 옳은 길을 선택할 수 있지 않을까 하는 생각을 해 봅니다.

주로 어떤 내용으로 기도하나요?

기도를 잘 안 하지만^^;; 물질 같은 것을 달라는 식의 기도는 해 본 적이 거의 없는데, 이런 게 오히려 더 문제인 것 같다는 생각이 들곤 해요. 하나님이 살아 계시고 또한 그분이 나와 충분히 소통할 수 있는 인격적인 존재라 여기기에, 그 관계를 점검하며 서로의 생사를 확인(?)하는 기도를 주로 하는 것 같고, 세상을 살아가는 것이 녹록지 않아서 도와 달라거나 불쌍히 여겨 달라는 기도를 합니다.

친한 동료들과는 어떤 이야기를 하나요?

요즘은 아무래도 시국이 시국인 만큼 건강과 재테크 등의 이야기를 주로 나눕니다. 사회에서 만난 친구 중에는 신앙을 가진 친구가 많지 않아요. 한편으로는 신앙을 지나치게 드러내는 사람들에게 데었던 경험도 많고요. 신앙을 가진 친구들을 만나면 서로의 근황을 살피고 삶의 여러 고민들을 주로 나누는 것 같습니다.

교회에 다니지 않는 지인들은 기독교나 교회에 대해 어떻게 생각하는 것 같나요?

저는 교회에 다니는 것을 직접적으로 드러내지는 않습니다만, 주변 사람들 대부분이 제가 교회에 다닌다는 것을 알아서인지 제 앞에서는 교회에 대한 민감한 이야기를 하지 않아요. 그런데 교회에 다니는 누군가가 그릇된 행동을 할 때, 그 모습을 본 사람들이 '교회에 다니면서 그 사람처럼 해도 되는 거예요?' 하고 저에게 많이들 묻습니다. 그럴 때 교회와 교인들에 대한 세상의 인식이나 기대가 그래도 아직 완전히 바닥 수준은 아닌 것 같다는 생각을 합니다.

사람들 앞에서 교회 다닌다고 말하고 싶지 않은 순간이 있다면 언제인가요?

직장 생활을 하면서 믿는 사람들이 지나치게 행동하는 경우를 많이 봤어요. 명함에 장로 등의 직함을 넣고, 핸드폰 통화 연결음을 CCM(contemporary Christian music) 곡으로 설정해 놓는 등 종교적인 냄새를 과하게 풍기지만, 현실에서는 1도 손해 보려 하지 않고 오히려 타인을 이용하려고만 하는 경우를 볼 때 교회 다닌다고 말하고 싶지 않아요.

교회 세습 문제나 이권 다툼 등과 같이 뉴스에 나오는 기사보다 기독교인임을 드러내면서 오히려 부적절하게 행동하는 사람들을 현실에서 직접 마주할 때 교회 다니는 것이 부끄럽게 여겨집니다. 그것을 일부 교인들의 문제라고 변명하거나 넘겨버리는 것은 더 이상 설득력 있지 않은 것 같더라고요.

신앙이란 무엇이라고 생각하나요?

사전을 찾아 보니 '믿음의 대상을 굳게 믿고 가르침을 지키며 이를 따르는 일'이라고 되어 있네요. 그래서 어떤 분들은, 기독교인인 우리는 유일한 신앙을 갖고 있는 것일 뿐이고 다른 사람들도 저마다의 신앙을 갖고 사는 신앙인이라고 말씀하시던데, 그 말에 공감이 됩니다.

한번은 무슬림들을 지근거리에서 경험했던 적이 있는데, 앞에서 말한 '가르침을 지키며 이를 따르는 일'과 관련해서, 그들 앞에서 크리스천으로서의 제 삶을 돌아보았을 때 면구했던 경우도 많았어요.

나에게 신앙이 있어서 좋은 점과 나쁜 점은 무엇인가요?

좋은 점은 경계가 분명하다는 데 있습니다. 그 경계를 매일 훌륭하게 잘 지켜 낸다고 이야기하기는 어렵지만 그래도 최소한 내가 현재 어디에 있고, 어디로 가야 하는지가 분명하다는 것은 정말 큰 축복인 것 같아요. 나쁜 점은, 그 경계 밖에서는 오랫동안 머물지 못한다는 것? ^^;;

나에게 신앙이 없다면 어떤 삶을 살고 있을 것 같나요?

중심 없이 여기저기 휩쓸리는 삶을 살았을 것 같아요. 삶은 정말 녹록하지 않으니까요. 지금도 엔진이 고장 난 배나 비행기처럼 스스로가 표류하고 추락하는 것 같다고 느끼는 경우가 많은데 그럴 때 삶을 자각하도록 해 주는 신앙조차 없다면 어느 곳에도 중심을 두지 못하고 여기저기 휩쓸리는 삶을 살거나 아니면 그릇된 곳에 뿌리를 깊게 내리고 그릇된 결말로 귀결되는 삶을 살았을 거예요.

현재 삶에 만족하나요?

만족하려 노력하고 있습니다. 제가 만족하지 않는다고 해서 현재의 삶을 변화시킬 수는 없으니까요. 과거 제 삶의 결과가 현재의 제 삶이듯, 현재 제 삶의 결과가 앞으로의 제 삶일 것이기에 앞으로의 삶은 더욱 만족스러울 수 있도록 나름 거룩한 부담감을 가지고 살고 있습니다.

삶이란 무엇이라고 생각하나요?

누구도 자기의 삶을 선택해서 태어난 사람은 없기에 삶 자체는 선물과 같은 측면이 있습니다만, 요즘 저는 '책임'이라는 부분에 더 집중하게 되는 것 같습니다.

아무래도 저 혼자라면 제 삶에 대한 책임만 지면 되겠지만, 부모님과 배우자 그리고 제 삶에 복잡하게 얽히고설킨 여러 관계들을 생각할 때, 삶에 대해 무책임한 태도로 일관하면 그 후폭풍이 생각보다 거셀 수 있겠더라고요. 그래서 삶이란, 관계에 대한 일정 부분의 책임감을 가지고 조금은 무겁고 진지하게 살아가야 할 필요가 있는 것이라고 생각합니다. 정리하자면, '삶은 나의 연관검색어에 대한 책임을 감내하는 것'이라고 할 수 있을까요?

언제 행복을 느끼나요?

외부로부터 행복한 상황이 주어질 때만 행복을 느낄 수 있는
것이 아닌, 내가 행복하기로 마음먹고 무엇인가를 선택함으로
써 행복을 느낄 수 있는 것이라면, 저는 나름대로 종종 행복을
느끼는 것 같습니다. 이틀간의 휴식이 생기니 금요일 저녁이면
행복하고, 배부르게 먹고 침대에서 한숨 자고 일어나면 행복한
것처럼요.

고통이란 무엇이라고 생각하나요?

가장 먼저 떠오르는 것은 당하고 싶지 않은 것. 그리고 가능하
다면 다른 사람들도 피할 수 있으면 좋겠는 것이라고 생각합니
다. 크고 작은 여러 고통의 순간들을 겪으면 매번 그 앞에서 겸
허해지고 또한 많은 것들을 배우기 마련이지만, 그래도 인간인
지라 가능하다면 피하고 싶네요.

**고통의 시간을 어떻게 보내나요? 그 순간 기도할 마음이 생기
나요?**

고통의 순간이 오면 어머니는 항상 기도해라, 회개해라 말씀하
시지만, 모든 고통의 원인이 저에게만 있다고 생각하지는 않습
니다. 물론 제가 잘못된 삶을 살지는 않았는지 돌아보는 시간

도 갖습니다만, 되도록 그 시간을 통해 배울 수 있는 것을 배우
면 좋겠다는 생각으로 고통의 시간을 지내는 것 같습니다. 그
런데 이 문제는 정형화하기가 쉽지 않은데, 고통의 정도가 어
떠한가에 따라 많이 다르기 때문입니다. 고통이 너무 심할 때
는 기도해야겠다는 생각조차 들지 않을 때도 있고, 또 하나님
이 원망스러울 때도 있고, 확 삐뚤어져야겠다는 생각이 들 때
도 있거든요. 다들 그렇지 않나요?ㅠ

'잘 사는 것'이란 무엇이라고 생각하나요?

아직 젊은 나이지만, 삶이라는 게 생각보다 꽤 긴 것 같더라고
요. 그래서 요즘 생각하는 것은 '삶을 점(point)이 아닌 선(line)
으로 살아야겠다'라는 것입니다.

때때로 기쁨과 희열의 극치가 빵빵 터지는 포인트들이 있는
것도 물론 중요하겠지만, 그것들이 주는 힘과 원동력은 오래
지속되지 않더라고요. 점이라는 것이 모여서 선이 되기에 어찌
보면 말장난 같기도 하지만, 적어도 어떤 결정적인 '한 방'만을
추구하는 삶보다는 목표를 향해 나의 삶이 추세적으로 우상향
할 수 있도록 현재를 충실하게 살아가는 것이 '잘 사는 것'이라
고 생각하며 살고 있습니다.

나와 다른 쪽에 무엇이 있고 그들의 생각과
주장이 어떠한지도 명확하게 알고 나서
그것이 '틀린' 것이 아닌 '다른' 것이라면
넓게 포용할 수 있는 마음을 가진
신앙인이 되고 싶어요

–

내가 되고 싶은 신앙인의 모습에 대해 이야기해 주세요.

오래전부터 생각한 내용입니다. 균형 잡힌 신앙인이 되고 싶어요. 요즘 사회를 보면, 양극단에 서는 것이 얼마나 위험한지 별도의 부연 설명이 필요 없을 정도잖아요. 그렇다고 이것도 옳고 저것도 옳다는 식의 태도는 지양해야겠지만, 자기의 입장(stance)은 분명히 하되, 나와 다른 쪽에 무엇이 있고 그들의 생각과 주장이 어떠한지도 명확하게 알고 나서 그것이 '틀린' 것이 아닌 '다른' 것이라면 넓게 포용할 수 있는 마음을 가진 신앙인이 되고 싶어요.

사랑과 공의(사랑의 하나님은 죄인을 용서하시지만 동시에 공의의 하나님은 죄인을 벌하시는)라는 서로 상충되는 성품의 양립이 예수 그리스도의 십자가를 통해 가능하게 됨을 볼 때, 하나님은 양극단 중 어느 한쪽에만 계시지 않으실 것이라 확신하며, 그분을 따르는 우리 또한 그래야 한다고 생각해요.

김진아 | 37세 | 항공사 승무원 | 모태 신앙

내 삶에 신앙이 없다고 생각하면 너무 공허하다. 과연 무엇으로 살아갈 수 있을까.

자기소개를 한다면.

나는 항공사 승무원으로 14년째 일하고 있다. 코로나 전과 후로 일상이 좀 바뀐 것 같은데, 예전에는 여행 다니는 걸 좋아했고 운동을 열심히 했다면, 요즘에는 아무래도 집에서 보내는 시간이 많아지다 보니, 신앙생활에 더 깊은 관심을 가지게 되어 성경을 다시 열심히 읽고 있다.

항공사 승무원은 어떻게 일하는지 궁금하다.

항공사 승무원은 매 비행 때마다 동료들이 바뀌는데, 여기에는 장단점이 있다. 매번 다른 동료와 일하다 보니 오히려 승객보다 선배들이나 매니저의 성격을 파악하고 맞춰서 일해야 하는 까다로움이 단점이라면, 같이 일하기 힘든 동료를 만나도 이번 비행만 참으면 된다는 것이 장점이다. 정 싫으면 다른 직원과 스케줄을 바꿀 수도 있다.

요즘은 코로나 바이러스 때문에 근무를 쉬고 있는데, 밤에 자고 아침에 일어나니 너무 좋다. 매일 같은 시간에 자고 일어나는 것은 업무 특성상 절대 할 수 없는 생활이다. 일할 때는 매일 가방을 싸서 시차가 있는 어딘가로 떠났다. 좋은 경험이긴 하지만 몸이 힘들었다. 사실 업무에서 오는 스트레스보다 쉬는 시간이 정기적이지 않다는 것과 떠돌이 생활에 지쳤던 것 같다. 요즘에는 쉬면서 한국에 있는 재미를 알아 버렸다.

코로나 시대에 어떻게 살고 있는지? 특별한 일이 있었는지 궁금하다.

코로나 사태로 국가 간 여행객이 90퍼센트 이상 감소하여 항공, 호텔, 여행 관련 산업이 직격타를 맞았고, 그로 인해 나는 코로나 사태가 일어나기 시작한 시점부터 1년 동안 휴직 기간이 많았다. 아직까지도 상황이 많이 나아지지 않아서 한 달에 보름 정도만 일하고 있다.

코로나 바이러스가 유행하기 전에는 매 주일 교회에 나갔나?

근무 때문에 매주 참석하지는 못했지만, 쉬는 날에는 특별한 사정이 없으면 참석했다.

다니던 교회에서 새로운 교회로 옮겨 간 적이 있는지?

이사할 때마다 교회를 옮겼다. 중학생 때도 이사를 갔고 고등학생 때도 이사를 갔다. 대학생 때도, 입사 초반에도 이사를 갔다. 그때마다 집 근처에 있는 교회에 주로 갔는데, 늘 어느 교회에 정착해야 할지를 고민했다. 아마 교회마다 분위기가 달라서일 것이다. 입사하고 나서 3년 정도는 주일에 시간이 안 나서 교회를 정하기가 더 힘들었다. 그러다가 지금 다니는 교회를 추천받았고, 가장 오랫동안 다니고 있다.

지금은 어떤 교회에 다니고 있나?

지금 다니는 교회는 내 성향과 맞는 부분이 많은 곳이다. 또 바른 신앙을 배울 수 있는 곳이라고 생각한다. 그래서 지금 다니는 교회를 추천받고 이곳에서 청년 시절을 보낸 것을 감사하게 여기고 있다.

항공사 승무원인데도 교회에 꾸준히 나갈 수 있었나?

주말에 비행 일정이 잡히면 교회에 못 가지만. 모태 신앙인인 나에게 주일성수는 자연스럽고 당연한 루틴이다. 물론 모태 신앙을 가져도 교회에 안 다니는 사람이 있지만.

해외에서 근무할 때도 주일이면 온라인 예배를 드리고, 찬양도 많이 듣는다. 또 가끔씩은 동료들과 함께 시간을 맞춰서 현지 교회에도 간다. 시차 때문에도 힘들고 예배 시간에 맞춰 가기가 어려워서 1년에 몇 번 안 되지만, 시간이 되면 가 보려고 노력한다. 해외에서 교회에 가면 기분이 좋다. 한번은 프랑크푸르트에 머무를 때 걷기 좋은 길을 따라 이삼십 분 걸어가서 예배를 드렸는데 돌아오는 길에 본 하늘이 엄청 파랗고 너무 좋았다. 홍콩에 있는 어떤 교회에는 여자 동료 다섯 명이 같이 갔다. 조그만 한인 교회에 낯선 청년들이 우르르 가서 예배드린다고 앉아 있으니까 사람들이 '쟤넨 누구지? 여행 왔나?' 하는 눈빛으로 신기하게 쳐다봐서 재밌었다.

주일 예배 후 교회 모임에도 참여하곤 했는지?

직업 특성상 교회 모임에 꾸준히 참여하는 것은 어렵다. 이십 대 때는 모임에 잘 참여할 수 없는 상황이 싫었는데, 어차피 모든 걸 다 누릴 수는 없으니 참여할 수 있을 만큼만 하자고 마음먹었다. 대신 목사님과 따로 만나 신앙에 관한 대화나 질문

교회가 어떤 장소로 여겨지기보다
나와 공존하는 '공기'와 같다

-

을 많이 하려고 한다. 그런 기회가 필요하다고 생각해서다. 교회 모임에 정기적으로 참여하지 못해서 외로운 적도 있었는데 지금은 외로움도 많이 사라졌다.

나에게 교회란?

내 삶의 중심이다. 성경 말씀이나 교회 자체가 내 삶 밑바탕에 깔려 있어서 나와 따로 떼어 놓고 설명할 수가 없다. 교회가 어떤 장소로 여겨지기보다 나와 공존하는 '공기'와 같다. 교회는 내 인생과 따로 떼어 생각할 수 없다.

어떻게 신앙을 갖게 되었나?

엄마의 영향으로 자연스럽게 신앙을 갖게 되었다. 엄마는 어릴 때부터 나를 기독교와 관련된 곳으로 보내려고 노력하셨다. 그래서 교회 안에 있는 유치원에 다녔는데, 그때 교회 유치원에서 좋은 원장 선생님을 만났다. 거기서 나름 자유롭게 자랐는데 그때 기독교에 대한 좋은 인상이 남아서 지금껏 교회 다니는 것을 당연하게 생각해 왔고 자연스럽게 신앙을 갖게 되었다.

언제 처음으로 신앙심을 느꼈나?

초등학교 시절, 집안 사정이 좋지 않아서 혼자 화장실에서 이런 기도를 종종 했다. "하나님, 저는 혼자서 잘 버티니까 동생과 우리 가족들을 도와주세요. 제가 앞으로 어떻게 해야 할지 모르겠지만 하나님께서 저를 이끌어 주세요." 그때 신앙심을 처음으로 느꼈던 것 같다. 그렇게 십 대를 지나 삼십 대에 이르기까지, 돌이켜 보면 전적으로 하나님이 나를 이만큼 키워 주셨다는 생각이 든다.

신앙이 성장한 것을 느꼈던 적이 있는지?

초등학생 때 그렇게 기도한 이후로는 십 대, 이십 대 때까지 계속 그 정도의 신앙을 유지해 왔던 것 같다. 이십 대 때까지도 계속 내 안에 공허함과 외로움이 있었다. 그러다 삼십 대가 되었을 때, 내가 교회에 다니기 쉽지 않은 직업을 가졌음에도 불구하고 꾸준히 다니니까 주변에서 신기해하면서 교회에 대해 많이 물어 왔다. 그런데 내가 아는 것이 하나도 없는 것이었다. 그때 충격을 받고 성경을 한번 제대로 읽어 봐야겠다 싶었다. 그렇게 서른두 살쯤에 처음으로 성경을 열심히 읽었다. 그때 신앙에 변화가 생겼다. 성경을 읽고 성경 흐름에 대한 이해가 생기니까 예배 시간에 목사님 설교도 더 잘 들렸다. 그 전에는 반은 이해를 못하고 설교를 들었던 것 같은데 성경을 통독하고 나니까 설교도 더 잘 들리고, 마음에 평온을 찾게 되었다. 서른 세 살 때쯤이다. 그때 믿음이 조금 성장했다고 생각한다.

신앙을 강요하는 사람을 만난 적은 없었나?

지금까지 신앙생활에 드라마틱한 사건이 없었는데 그래서 오히려 내 안에 신앙심이 자연스럽게 스며들 수 있었던 것 같다. 이와 비슷하게 신앙을 강요하는 유별난 사람을 만난 적이 없어서 기독교에 대한 반감도 생긴 적이 없었다.

교회 다닌다고 하면 주변에서 어떤 반응을 보이는지?

원래부터 나를 알았던 사람들은 자연스레 '교회 다니는 김진아'로 생각하는 것 같다.

새로운 사람들을 만났을 때도 교회 다닌다고 말하는 편인가?

교회 이야기가 나오면 교회에 다닌다고 하지만, 먼저 이야기하지는 않는다. 사실 사회에서 대화할 때는 종교 이야기를 거의 하지 않는다. 예를 들어 교회발 코로나 집단감염처럼 교회가 사회적 이슈가 될 때에만 종교에 대해 이야기한다. 내가 신앙에 대해 질문이 많은 것도 평소에는 종교나 신앙에 관한 이야

십 대를 지나 삼십 대에 이르기까지,
전적으로 하나님이 나를
이만큼 키워 주셨다는 생각이 든다

–

기를 할 기회가 없기 때문이다. 일할 때도 늘 새로운 동료들을 만나 비행을 하는데, 한두 번 만나고 헤어지는 사이에서는 그런 이야기를 꺼내기가 더욱더 쉽지 않다.

종교가 없는 사람들은 교회나 기독교에 대해 어떻게 생각하던가?

대부분은 기독교나 교회에 관심이 없다. 혹시라도 그런 주제가 나오면 "나는 나를 믿는다"라고 말하는 사람이 많다. 신의 존재를 부정하지는 않는데, 어쨌든 신보다 자기 자신을 믿는다고 한다. 나를 챙겨 주는 사람은 나밖에 없다는 말처럼 들린다.

간혹 신앙이 없는 친구들이 신을 왜 믿는지 알 것 같다는 이야기를 하기도 한다. 특히 여자 동료들이 육아할 때 그런 이야기를 많이 한다. 육아가 그만큼 힘들고, 아무래도 삶에서는 계속 뭔가가 채워지지 않으니까 그런 것 같다. 그럴 때는 그냥 그런 생각을 하는 것만으로도 다행이라고 여기고 넘어간다. 거기서 내가 교회 이야기를 하면 자칫 거부감을 줄 수 있으니까. 그들에게도 기댈 곳이 필요한 것 같다는 생각이 든다.

내가 교회에 다닌다고 이야기하면 많이 받는 질문은 "십일조 하세요?"이다. 헌금에 대해 많이들 궁금해한다. 소개팅 자리에서도 이 질문을 받곤 한다. 결혼하면 십일조를 같이 해야할 수도 있다고 생각해서일 것이다. 또 일요일에는 교회에서 시간을 보내느라 다른 약속을 못 잡는 사람으로 생각하기도 한다. "진아 씨도 일요일에 하루 종일 교회에 있어요?"라는 질문도 많이 받는다. 사실 일요일에는 교회에서 거의 대부분의 시간을 보내게 된다. 아침에 가서 예배드리고, 교회 친구들과 점심 먹고 나서 오후 예배도 드리니까. 그런데 교회에 다니지 않는 사람들 입장에서는 일요일에 대부분의 시간을 교회에서 보내는 게 이상해 보일 수 있을 것 같다.

동료들과는 주로 어떤 이야기를 하는지?

요즘 어떻게 사는지에 대해 이야기한다. 가정이 있는 친구들은 가족 이야기를 많이 한다.

직장에 교회 다니는 사람들이 있는지?

있긴 하다. 나는 가입하지 않았지만 직장 안에 신우회도 있다. 주일에는 회사에 목사님이 오셔서 예배를 드리기도 한다.

신우회에 가입하지 않은 이유가 있나?

안 그래도 위계질서가 철저한 회사인데, 신앙생활마저 업무의 연장선처럼 강요받고 싶지 않았던 것 같다. 가입하면 단톡방 같은 데에 초대될 것이고 요구 사항들이 은근히 많을 텐데 그런 것들이 나와 맞지 않는다. 대신 교회에 열심히 다니고 교회 청년부 모임에 참여하는 것으로 충분하다고 생각한다.

친한 동료 중에 교회 다니는 사람은 얼마나 되나?

친한 동료 중에는 한두 명 정도다.

그 동료들과 신앙에 관한 이야기를 하는지?

예전에는 일하는 곳에서 신앙에 대한 이야기를 거의 안 하는 편이었는데, 요즘에는 관련된 이야기가 나오면 자연스럽게 이야기하는 편이고 또 서로 기도해 줄 수 있는 부분이 있으면 공유해서 기도해 주곤 한다.

사람들 앞에서 교회 다닌다고 말하지 못하는 순간이 있었는지?

가끔 주변에 '하나님이 다 해 주실 거야'를 입에 달고 사는 사람들이 있다. 그 앞에서는 교회 다닌다는 말이 나오지 않는다. 물론 그 말은 맞지만 계속 그런 식으로만 이야기하면 나도 강요처럼 들리는데 안 믿는 사람들에게는 더 강요처럼 느껴질 것 같다.

그런 사람들은 대부분 어떤 사건을 계기로 중간에 하나님을 믿게 되어서 그 후로는 모든 것을 하나님이 다 해결해 주신다고 생각하던데, 그게 틀렸다고 생각하지는 않는다. 그런데 무작정 '하나님이 다 해 주실 거니까 걱정하지 마라'라고 계속 이야기한다면 누군가에게는 거부감을 줄 것 같다.

또 내가 만나 본 적은 없지만 유별난 사람들이 있다고 한다. 안 믿는 사람에게까지 성경을 읽으라고 강요하거나 자기가 암송한 성경 말씀이 맞는지 물어보는 사람들도 있다고 하는데 그런 사람을 만난 적이 있는 직장 후배들은 그 사람을 보고 나서 교회 가기 싫다고 하기도 했다.

원하는 배우자 조건을 하나하나 다 써서 기도했더니, 그런 상대를 만났다는 사람도 있었다. 그러면서 (꼭 써야 할 것만 같이) 나에게도 써 보라고 했다. 그렇게 하면 하나님이 들어주신다고. 그런 사람들을 만나다 보면 교회에 다닌다는 말을 아끼게 된다.

교회 다닌다고 말하고 싶지 않은 순간들이 있음에도 불구하고, 왜 여전히 기독교 신앙을 유지하고 있는지?

어려운 질문이다. 나에게는 이 신앙이 너무 당연한 것 같다. 종종 '신앙 없는 사람들은 다들 무엇으로 살지?'라는 궁금증이 생긴다. 단지 공허하게 느껴지는 인생을 채우기 위해 신앙을 갖는 것은 아니지만 나는 신앙이 없으면 어떻게 사나 싶다. 신앙 없는 사람들은 돈이나 명예를 바라보며 살아가는 것 같은데, 그들도 거기에는 한계가 있음을 분명히 알 것이다. 내 삶에 신앙이 없다고 생각하면 너무 공허하다. 과연 무엇으로 살아갈 수 있을까.

기독교나 교회가 싫었던 적이 있는지?

없었다. 나는 비교적 상황을 비판적으로 보지 않는 편이다. 마찬가지로 교회나 기독교에 관하여 궁금하고 배우고 싶은 것은 많아도 비판적 시각으로는 바라보지 않았던 것 같다. 다른 종교에 대해서도 크게 관심이 가지 않는다. 기독교가 나랑 잘 맞는 걸까? 맹목적으로 믿는 것은 절대 아닌데 말이다.

교회 다니는 것이 좋은 순간은 언제인가?

주변 사람들이 나를 보면서 교회에 관심을 가질 때. 동생은 모태 신앙이긴 하지만 교회에 다니지 않았다. 그런데 최근에 교회에 대해 궁금해하고 "누나, 내일 교회 가?"라고 먼저 물을 때 감동한다. 직장 후배들도 "선배가 다니니까 교회가 나쁜 곳이 아닌 것 같다"라고 하면서 교회에 가고 싶어 해서, 우리 교회 수요예배에 몇 번 데려온 적도 있다. 내가 가자고 하지 않았는데도 사람들이 먼저 교회에 같이 가자고 할 때 기분이 좋다. 요즘에는 코로나 때문에 온라인 예배 주소를 보내 주는데 다들 좋아한다. 이런 식으로 나도 모르게 주변에 조금씩 영향을 주게 될 때 교회에 다니고 있다는 것이 감사하다. 주위에 한 명이라도, 깊게는 아니어도 소소하게 함께 교회 이야기를 할 수 있는 것이 기쁘다.

나에게 신앙이 없다면 어떤 삶을 살고 있을까?

깊은 생각을 하지 않고, 편한 것만 추구하며 살았을 것 같다.

현재 고민하는 신앙 문제가 있다면 무엇인가?

누군가를 진심으로 사랑하지 못할 때 신앙인으로서 찔린다. 그래서 사랑까지는 못하더라도 미워하지 않으려 노력하고, 생각날 때 그 사람을 위해 기도한다. 때로는 시간이 필요한 일이 있다고 생각한다.

고통이란 무엇이라고 생각하는가?

어떤 일이 뜻한 대로 되지 않을 때 고통을 느끼는 것 같다. 나이가 한 살씩 들면서 계획대로 되지 않음에 조금은 익숙해지는

듯하다가도, 큰 변수들이 생기면 아직도 많이 당황하곤 하는 것 같은데 그럴 때가 힘들다. 하지만 하나님께서는 내가 견딜 수 있을 정도의 고통만을 주신다는 것을 알기에 어떤 상황에서든 잘 이겨 내고 싶다.

요즘에는 어떤 내용으로 기도하는지?

작년 한 해는 어떻게 될지 모르는 상황에 많이 불안했다. 그래서 주저하며 지낸 시간이 많았는데, 지금 생각해 보면 그 시간들은 성장을 위한 시간이었던 것 같다. 그 덕분에 정말 성장을 한 건지, 요즘에는 하루 동안 있었던 일들에 대한 감사 기도를 많이 하는 편이다. 그렇지만 아직도 회사 문제와 개인적으로 해결되지 않은 문제들에 대해 고민하면서 하나님께 많이 여쭈어 보고 있다.

바라는 것이 있다면?

하나님이 나에게 좋은 배필을 알아볼 수 있는 안목을 주시면 좋겠다.

기독교인이 아닌 사람과 결혼할 수 있는지?

기독교인이 아닌 사람을 내가 선택하거나 하나님께서 나에게 짝지어 줄 수도 있다고 생각한다. 그렇게 된다면 상대와 함께 교회에 갈 수 있도록 기도하고, 상대와 많은 대화를 나누며 같이 교회에 다니는 방향으로 이끌어 가려고 노력할 것 같다. 하지만 그것이 쉽지 않다는 것을 알기에 솔직한 마음으로는 기독교인과 만나 결혼하고 싶다.

삶이란 무엇이라고 생각하는가?

나에게 주어진 환경, 나에게 주어진 상황 속에서 최선을 다하며 사는 것이라고 생각한다.

'잘 사는 것'이란 무엇이라고 생각하는가?

하나님과 동행하는 삶이라고 생각한다.

내가 되고 싶은 신앙인의 모습은?

누군가 나를 보고 교회에 관심을 갖게 되고 교회에 가고 싶어 하면 좋겠다. 그리고 신앙인으로서 닮고 싶어 할 만한 사람이 되고 싶다.

신상준 | 38세 | 정책 연구원 | 모태 신앙

하나님은 모든 것을
선으로 만드시기 때문에
우리는 서로 사랑해야 한다.

어떤 일을 하고 있나?

나는 지방자치단체 산하기관에서 복지 정책을 연구하고 있다. 사회복지를 전공하지는 않았지만 내가 전공한 행정학과 사회복지는 밀접한 연관성이 있다. 사회복지는 특성상 주로 취약계층을 다룬다. 성경에서는 과부와 고아처럼 연약한 자들을 위해 무언가 베풀라고 한다. 예수님은 우리가 그들에게 한 행동이 곧 예수님 자신에게 한 행동이라고 말씀하신다. 논리적으로는 이해가 되지 않지만, 어쨌든 예수님은 사회적 약자에게 끝없이 관심을 가지고 그들을 위해 행동하라고 하셨다. 그런 면에서 사회복지가 중요한 역할을 하는 듯하다.

최근 사회복지 경향은 사회적 취약계층에만 관심을 두지 않고, 보편적 시민들의 삶에 관심을 두는 형태로 변화하고 있다. 그렇다고 취약계층에 대한 관심을 저버리는 것은 아니다. 사회복지의 영역이 넓어졌다고 보면 된다.

　나는 일반 시민들의 삶의 질을 어떻게 증진할 것인지에 대해 연구한다. 이를 위한 다양한 방안과 관점들이 있다. 시공간적으로 최적화된 정책은 무엇인지 토론하고 고민하여 결론을 내는 것이 나의 주된 일이다.

하는 일이 적성에 맞는지?

혼자 있기를 좋아하는 나에게 연구자의 삶은 매력적이다. 그렇다고 내가 연구를 잘하는 건 아니다. 단지 내가 좋아하는 일을 하고 있을 뿐이다.

연구를 통해 무엇을 얻나?

내가 주로 하는 연구는 학술적인 결과를 도출하는 것이 아니다. 즉, 사회현상을 잘 설명하기 위한 연구가 아니라. 정부 기관이 적용할 수 있는 정책적 대안을 만들어 내는 것이다. 정책적 대안은 이해관계에 따라 다르게 도출된다. 내가 A를 제안할 때, 그 A로 피해를 보거나 이익을 얻는 개인이나 집단이 있으면 이에 따라서 A'나 A", 혹은 A와 다른 B를 도출해야 한다.

이렇게 대안이 수정되는 과정에서 정치를 배운다. 여기서 언급하는 정치란 개인이나 집단 간의 관계에서 특정 결과물을 내기 위한 협상의 과정이다. 연구를 통해서 다양한 것들을 얻지만, 현재 내가 하는 연구에서 얻는 것은 이러한 정치적 역량이다.

코로나 시대에 어떻게 살고 있는지? 특별한 일이 있었는지 궁금하다.

코로나19로 대부분의 사람이 제한된 공간에서 생활할 것이다. 나 역시 그런 삶을 살아가고 있다. 특별한 일은 없었다. 코로나19로 우리의 일상이 멈추어졌다고들 표현하지만, 각자의 삶은 멈출 수가 없다. 언제나 그러하듯, 보통의 날을 살아가고 고민과 걱정은 지속된다.

코로나 때문에 교회에 갈 수 없었을 때 기분이 어땠나?

온라인 예배는 빠지지 않고 꼭 드렸다. 예배는 단순히 종교적인 행위가 아니라, 그 의식 속에서 영적인 무언가를 얻을 수 있기 때문이다. 직장인에게 평일의 삶은 고단하다. 치열한 삶 속에서 하나님의 뜻을 찾는 과정은 거의 찾아볼 수 없다. 그나마 일요일에 교회에서 드리는 예배와 교회에서 만나는 사람들과의 교제가 하나님의 뜻을 생각할 수 있게 하는 과정 중 하나이

코로나19로 우리의 일상이
멈추어졌다고들 표현하지만,
각자의 삶은 멈출 수가 없다.
언제나 그러하듯, 보통의 날을 살아가고
고민과 걱정은 지속된다

—

다. 그런 행위가 없는 최근의 상황들은 나에게 신앙에 대해 고민해 보는 기회를 마련해 주었다.

예배에 국한해서 살펴보면, 대면 예배가 금지되고 온라인 예배로 전환되면서 목사님의 설교에 더욱 집중하게 되었다. 예배를 인도하시는 목사님은 자리에서 일어나라고 하고 찬송도 부르시지만, 나는 그것을 보기만 한다. 이런 과정에 마치 나는 참여하지 않고 방관하는 듯 보이지만, 목사님의 설교에는 집중이 더 잘된다. 또 예배가 축도로 마무리되면, 교회에서는 자리에서 일어나 다른 공간으로 가야 했는데, 온라인 예배를 드리게 되면서는 굳이 다른 공간으로 갈 필요가 없어졌다. 대신 그 시간에 목사님이 하신 설교에 대해 다시 생각한다. 코로나 시대로 인해 목사님의 설교를 더욱 음미하게 되었다.

처음에는 일요일에 교회에 가지 않는 생활이 어색했다. 그런데 이런 삶에 익숙해지고 일요일에 자유로운 시간이 생겨서 푹 쉴 수 있었다. 현재의 상황을 통해, 학창 시절에 교회에 열심히 다니다가 직장 생활을 시작하면서 교회에 나가지 않게 되었던 친구들의 모습을 이해하게 되었다. 교회에 나가지 않더라도 나의 평범한 삶은 유지된다. 오히려 교회에 출석하기 위해 에너지를 소모하지 않아도 되어서 삶의 질은 더 좋아졌다.

교회에서 주도한 집회로 인한 코로나 집단감염 사건에 대한 기사를 접했을 때 어떤 생각이 들었나?

나는 그런 모임이나 집단에 참여한 사람들의 마음을 알지 못한다. 그들의 생각을 일반화할 수는 없지만, 아마도 현실이 너무 싫어서 그런 모임에 참여한 것은 아닐까? 나 역시 마찬가지다. 현실이 싫고 원망스러워 하나님께 기도한 적이 많다. 이런 나의 모습과 그들의 모습은 별반 다르지 않다. 표현하는 방법이 다를 뿐 그들도 나와 같은 사람이다.

그런데 그들의 표현 방법이 너무나 안타깝다. 하나님의 말씀 앞에 자신의 생각과 행동을 바꿔야 하는 성도들이 오히려 자기들이 원하는 틀 안에 하나님을 가둬 두려고 한다. 자기들이 추구하고 원하고 바라는 그 무언가를 하나님이 들어주지 않는다면 공개 석상에서 하나님을 깎아내리기도 한다. 과연 이런 일이 있을 수 있을까? 본인이 원하는 무언가를 얻기 위해 폭력도 일삼는다. 참으로 안타깝다.

기독교인으로서 코로나 시대를 어떻게 보내면 좋을까?

코로나 시대에 요구되는 삶은 단순한 삶인 것 같다. 가급적 사람을 만나지 말아야 하고, 많이 이동해서도 안 된다. 일정을 최소화하고, 야외 활동을 제한해야 한다. 코로나 이전의 삶은 복잡했다. 사람들을 만날 수 있는 공간과 즐길 수 있는 장소들이

많았다. 일주일 동안 고생하고 스트레스를 풀 수 있는 기회들이 즐비했다. 그런데 코로나로 인하여 대부분의 활동이 제한되었다.

코로나 시대 이전에는 홀로 오롯이 고민할 수 있는 시간이 부족했다. 바쁜 일상에서 계속 무언가를 해결해야 했다. 능력 있는 사람이란 무언가를 해결할 역량이 높은 사람을 의미한다. 나 역시 능력 있는 사람이 되기 위해 삶에 대한 고민보다는 무언가를 해결할 역량을 키우려고 노력했다. 그런데 코로나 시대에는 무언가를 해결하기보다는 홀로 존재해야 한다.

코로나 시대에 인간의 삶은 단순해졌다. 어쩌면 급속도로 빨라진 시대의 흐름이 정상 속도로 되돌아온 것은 아닌지 모르겠다. 산업화 이후, 과학기술이 인간 삶의 변화 속도를 급격히 추동한 것은 아닐까? 아무튼 코로나19 영향으로 인간의 삶은 단순해졌고, 그 단순성에서 의미를 찾아야 한다.

내가 자주 보는 유튜브 채널에서 어느 목사님은 코로나 시대에 대해 이렇게 말했다. "평안한 때에는 큰 정신이 나오지 않는다. 인간의 위대함은 자기를 돌아보고 성찰하는 데 있다." 코로나 시대는 이를 실천할 수 있는 기회다.

코로나 사태가 종식되면 가장 먼저 무엇을 하고 싶은지?
노래방에서 노래를 부르고 싶다.

코로나 사태 이전에 매 주일 교회에 나갔던 이유는 무엇인가?

나는 모태 신앙인으로서 일요일마다 교회에 출석하는 것이 습관화되어 있다. 보수적인 교회에서 성장한 나에게 주일성수는 신앙의 척도가 될 만큼 중요했다. 그런데 성경 공부에 참여해 신앙의 선배들에게 다양한 의견을 들으면서 생각이 바뀌었다. 일요일에 교회만 다니는 신앙인의 삶이 아닌, 날마다 신앙인으로서 어떻게 살아가야 할지에 대한 고민과 실천이 중요함을 깨달았다. 그럼에도 매 주일에 교회에 나가는 삶은 나에게 일종의 문화였다.

한 주의 첫날인 일요일에 교회에 가지 않으면 허전했다. 하루에 밥을 세 번 먹던 사람이 두 번이나 한 번 먹으면 어색한 것처럼 교회 출석은 평범한 내 삶의 일부가 되어 버린 정기적인 행사다. '주일성수'라는 단어로만 나의 교회 출석을 설명할 수 없다. 그냥 습관처럼 몸에 배어 있다.

나에게 교회란 어떤 곳인가?

나에게 교회란 사람들을 만나는 곳이다. 신앙이 있는 삶은 홀로 살아갈 수가 없다. 세상의 가치관과 성경의 세계관은 상이하다. 성경대로 살아가다 보면 다양한 부분에서 어려운 면들이 많다. 그 어려운 면들을 홀로 견디며 살아가기에는, 인간은 너무 연약하다. 교회는 이러한 고민을 서로 나누고 힘을 얻어서

교회는 이러한 고민을 서로 나누고
힘을 얻어서 다시 살아갈
힘을 주는 동지들이 있는 곳이다

—

다시 살아갈 힘을 주는 동지들이 있는 곳이다. 즉, 교회는 나와
비슷한 고민을 가진 사람들이 모인 곳이다.

다니던 교회에서 새로운 교회로 옮겨 간 적이 있는지?

지금 다니는 교회를 포함해 총 일곱 교회를 다녔다. 아버지의
직업 특성상 이사를 많이 다녔는데, 이사할 때마다 새로운 교
회에 다니게 되었다. 고등학교를 졸업하고 나서도 타 지역으로
가면서 다른 교회로 옮겼다. 지금 다니는 교회는 2009년부터
다니고 있다. 그 전에 다니던 교회는 교인이 10명 정도인 작은
교회였는데, 내부적으로 어려움이 있어서 2009년에 문을 닫았
다. 당시 목사님이 나에게 추천하신 교회에 지금까지 다니고
있다.

지금 다니는 교회를 계속 다니는 이유는 무엇인가?

여기 말고 갈 곳이 없다. 그렇다고 여기가 유일한 답이라는 뜻
은 아니다. 왠지 10년 이상 다닌 교회를 떠나는 것은 참으로 어
렵다.

또 교회를 옮기게 된다면 이유는 무엇일까?

거리 때문일 것이다. 인천으로 이직하면서 집과 교회가 많이 멀어졌다. 지금 다니는 교회를 좋은 교회라고 생각하지만, 신앙생활은 다른 교회를 다녀도 할 수 있기에 고민 중이다.

개인적으로 마음에 들었던 목사님과 좋지 않게 여겨졌던 목사님이 있었다면 어떤 유형이었는지?

지금까지 다양한 목사님들을 만났는데, 마음에 들었던 목사님과 좋지 않게 여겨졌던 목사님은 없다. 내가 만난 목사님들을 정확하게 구분하여 설명할 수 없다는 뜻이다. 하나님께서 내 상황에 맞는 목사님을 만나게 해 주셔서 내가 신앙적으로 성장할 수 있었다. 내가 만났던 목사님들 모두에게 배울 점들이 있었고, 그분들의 가르침을 통해 내 생각이 변화되었다. 그분들은 내가 어려웠던 순간에 난관을 헤쳐 나갈 수 있도록 도움을 주셨다.

많은 부분에서 도움을 주셨음에도, 내가 만난 목사님들은 모두 단점을 가지고 있었다. 인간이기 때문에 단점이 있음은 당연하다고 생각한다. 인간이 어떠하든 하나님은 모든 것을 선으로 만드시기 때문에 우리는 서로 사랑해야 한다. 내가 교회를 많이 옮겨 다녀서 그런지 과거에 만났던 목사님들과는 연락이 닿지 않는다. 그리고 나 역시 그분들과 연락하려고 노력하지 않는다. 다양한 목사님들을 만나면서 깨달은 점이 있다면, 나는 목사님과 친해질 수 없는 사람이라는 것이다.

목사는 설교자다. 성경을 해석하여 성도들에게 전달해야 하는 의무가 있다. 설교는 대화가 아니라 선포다. 설교 중에 어느 누구도 질문하거나 반기를 들지 않는다. 성도들은 듣고만 있다. 교회 목사들이 범죄를 저지르게 되는 이유 중 하나가 여기에 있지 않을까? 목사는 성도와의 관계에서 주로 말하는 측에 속한다. 설교뿐만 아니라, 일상 대화에서도 마찬가지다. 말하는 사람과 듣는 사람. 이 관계는 일종의 권력관계를 형성한다. 대화를 이끌어 가는 사람은 주로 권력을 가진 사람이다. 이 관계가 지속되면, 말씀이 아닌 일상생활에서도 권력관계가 구축된다. 마치 성도의 모든 삶에 목사의 의견이 필요하고, 목사는 성도 개인의 삶을 조종하듯 말이다. 이러한 성향을 가진 목사님이 있다면, 좋지 않게 여겨질 것 같다.

교회에 가고 싶지 않았던 적이 있다면 이유가 무엇인가?

교회에 가고 싶지 않았던 적은 많았다. 돌이켜 보면 교회가 잘못된 것이 아니라, 내가 교회에 대해 다른 기대를 가지고 있었던 것 같다. 기대가 큰 만큼 실망도 큰 법이니까. 교회란 성경 말씀을 알고자 하는 성도들이 교제하는 곳이라고 생각한다. 나는 교회에서 성경 말씀이 아닌 다른 것을 원했을 수 있고, 그것

이 채워지지 않아서 교회에 가고 싶지 않았던 것 같다.

교회가 어떤 곳이 되었으면 좋겠나?

성경에서 무엇을 말씀하는지 고민하는 곳이 되었으면 좋겠다. 그리고 그런 사람들이 모여 서로를 사랑해 주는 곳이 되었으면 한다. 성경적 올바름이란 무엇인지 고민하고 논의하여 서로를 세워 주는 곳이 된다면 좋지 않을까?

언제부터 기독교 신자가 되었나?

초등학생 때 하나님이 계시는 것 같다는 막연한 추측을 했다. 교회에서 말씀을 듣고 성경을 읽으면서 하나님이 계시겠지, 라고 생각했다. 그렇다고 그때부터 기독교 신자가 되었다고 생각하지는 않는다.

언제부터 신앙심이 생겼나?

신앙심이란 무엇인지 먼저 고민해야 할 것 같다. 그런데 정확한 답은 모르겠다. 신앙심이란, 하나님이 누구시며 나의 삶은 무엇인지 고민하는 것이라고 정의해 보면, 나에게 신앙심이 생긴 것은 고등학교 1학년 교회 여름 수련회 때부터라고 말할 수 있겠다. 그때 목사님이 앞에서 열심히 기도하시고 옆에 있던 사람도 목사님을 따라서 기도하는 걸 보고 나도 따라 기도했다. 그때 나도 모르게 하나님이 나와 함께하시고 하나님 말씀대로 살아야 한다는 확신이 생겼다.

신앙이 변화되었다고 느꼈던 적이 있는지?

신앙을 정의하기가 정말 어렵지만, 살면서 믿음에 대해 심각하게 고민했던 경우가 몇 번 있었다. 대학교 1학년 때, 처음으로 술도 마셔 보고 방황했다. 교회에서는 술을 마시지 말라고 했기에 술을 마시지 않는 것은 당시의 나에게 신앙과도 같았다. 그것이 무너져서 힘들었다. 그런데 감사하게도 신앙의 선배들이 도와주어서 보이기 위한 신앙이 아닌, 뿌리내리기 위한 신앙생활을 시작할 수 있었다. 또 이십 대 후반에 잠깐 병원에 입원했는데, 그때 삶의 방향에 대해 고민했다. 그리고 무엇을 이루기 위한 삶이 아니라 내가 있는 자리에서 하나님의 자녀로서 살아가는 삶이 복되다는 사실을 알게 되었다. 당시에 박영선 목사님의 책 《욥기 설교》가 큰 도움이 되었다.

나는 왜 계속 기독교 신앙을 유지하고 있다고 생각하는가?

아무리 생각해도 내 삶과 생각의 방향은 기독교적 세계관에 뿔

무엇을 이루기 위한 삶이 아니라
내가 있는 자리에서 하나님의 자녀로서
살아가는 삶이 복되다는 사실을 알게 되었다

_

들려 있다. 벗어나려고 해도 벗어날 수가 없다. 기독교 신앙을
유지하는 것은 나의 의지와 별개다.

한때 기독교 신앙을 버리고 나의 의지대로 살아가려고 노력
한 적이 있었다. 그런데 허무함에 빠져서 아무것도 할 수 없었
다. 하나님 없는 인간의 삶은 허무함 그 자체다. 이 세상에 절
대적인 것이 있을까? 아무것도 없다. 모든 것이 상대적 가치
일 뿐이다. 특정한 무언가가 어느 누군가에게는 소중할 수 있
어도, 다른 이에게는 필요 없을 수 있다. 그런데 기독교 신앙은
인간의 삶에 절대적 가치를 부여한다.

현재 고민하는 신앙 문제가 있다면 무엇인가?

살다 보면, 세상 사람들이 가치 있다고 여기고 중요하게 고려
하는 것들이 성경의 가치관에서는 중요하지 않다고 하는 경우
가 많다. 나 역시 세상이 추구하는 것들을 나의 중요한 판단 기
준 중 하나로 선정한다. 그런데 성경은 그것에 대해 전혀 중요
하게 언급하지 않는다. 이 둘의 간극 때문에 많이 힘들다. 내가
사회에서 보고 들은 가치들과 성경에서 중요하게 제시하는 가
치들 중에는 상충되는 것들이 많다. 나는 아직 세상에 소망을
두고 있다. 아직 젊어서일까?

하나님이 내 인생을 책임지고 인도하신다는 추상적 확신은
있다. 그런데 구체적 삶에 직면했을 때 내가 정한 삶의 방향은

하나님의 말씀에서 벗어나 있다. 그저 삶 속에서 세상적 풍요로움과 기쁨이 충만한 상태가 되었을 때 하나님이 개입하시길 바랄 뿐이다. 그런데 내가 배운 하나님의 일하심은 이와 다르다. 이 둘의 간극에서 갈등을 겪는다.

어떤 내용으로 기도하는지?

삶이란 어려움의 연속일까? 구체적으로 언급하기는 어렵지만 다양한 어려움으로 기도에 집중하게 된다. 빌립보서 4장 6, 7절에 보면, 내가 구할 것을 하나님께 아뢰라고 한다. 그런데 그것을 주신다고 하지 않고, 나의 마음과 생각을 지키신다고 한다. 즉, 내가 원하는 무언가를 준다고 하는 것이 아니라, 나의 마음과 생각을 지키신다는 뜻이다. 요즘 나는 내가 구할 것을 구한다. 물론 그것을 주실지 안 주실지는 하나님 뜻이다. 다만 그런 기도를 하면서 하나님이 나의 마음과 생각을 지켜 주신다는 확신을 갖는다. 또 그런 경험을 하고 있는 중이다.

나에게 신앙이 있어서 좋은 점과 나쁜 점은 무엇인가?

신앙은 우리에게 요구하는 것이 많은 듯하다. 삶에서 신앙이 구체적으로 표현되는 모습은 성령의 열매일 것이다. 성령의 열매는 사랑, 희락, 화평, 오래 참음, 자비, 양선, 충성, 온유, 절제다. 과연 내가 성령의 열매들을 삶에서 보여 주는지는 의문이다. 성령의 열매를 맺기 위해 살다 보면 세상에서는 나 자신이 도태될지도 모른다는 두려움이 강하고, 성령의 열매를 맺는 삶은 현대사회와 적합하지 않다고 생각되기도 한다. 물론 이런 삶은 나의 의지가 아니라, 성령의 인도하심이 있어야 가능하지만.

신앙이 있다는 것은 세상에 소망을 두지 않는 것이다. 이 세상이 내 인생의 전부가 아니라 주께서 부활하셨듯이 나 역시 부활할 수 있다는 확신을 갖는 것이다. 그러다 보니 배짱은 생긴다. 내가 성령의 열매로 살아가서 어려움에 직면하더라도 그것이 전부가 아니고, 언젠가는 모든 것이 회복될 것이라는 신념 때문이다. 신앙이 성숙해 갈수록, 일희일비하지 않게 되는 점이 좋다.

나에게 신앙이 없다면 어떤 삶을 살고 있을까?

아마 자살했을 것이다. 세상은 무의미하니까. 인간은 지금의 어려움을 견뎌 내도 언젠가는 죽는다. 엄청난 재산을 축적하더라도 사망 앞에서는 의미가 없다. 아무리 훌륭한 업적을 남겨도 죽으면 끝이다. 세상의 삶들을 그려 보면 죽음 앞에 모든 것이 무가치하다. 그렇기에 어차피 죽을 인생, 고생하지 않고 죽어 버리는 것이 낫다는 생각이 든다.

하나님 없는 인간의 삶은 허무함 그 자체다.
이 세상에 절대적인 것이 있을까?
아무것도 없다

-

교회에 다니지 않는 지인들은 기독교나 교회에 대해 어떻게 생각하던가?

내가 교회에 다니는 것에 관심을 두지 않는 사람과 별로 좋지 않게 보는 사람, 두 부류로 나뉜다. 교회에 관심을 두지 않는 쪽은 내가 교회에 다니든 말든 본인에게 피해를 주지 않으면 괜찮다고 말한다. 여기서 피해란 자신을 교회에 다니게끔 하는 '전도'를 일컫는다. 별로 좋지 않게 보는 쪽은 과거에 교회 다니는 사람에게 상처를 입은 사람들이다. 여기서 상처란 본인이 직접 해악을 경험했거나 교회 다니는 사람들의 이중성을 발견해서 겪은 흔적을 의미한다. 구체적 사례를 들어 설명하면, 어머니가 아프셨는데 교회 다니는 사람들이 문안을 와서 병원에 가지 말고 기도하면 낫는다고 해서 기도만 했다고 한다. 그러다 어머니가 더 안 좋아지셨는데, 거기에 대해 기도하면 낫는다고 했던 사람들이 어떠한 책임도 지지 않았던 경우다. 또 열심히 교회생활을 하는 사람들이 실제 삶에서는 악덕의 전형을 보여 주는 경우다. 이들은 교회에서는 기도하고 헌금하고 말씀을 읽지만, 성화되어 가는 삶을 살지 않는 사람들이다. 이런 사람들을 경험하면서 교회 다니는 사람에 대해 반감이 생긴 것 같다.

사람들 앞에서 교회 다닌다고 말하고 싶지 않은 순간이 있다면 언제인가?

친한 사람들을 제외하고는 교회에 다닌다고 말하지 않는다. 신자라면 세상에서 권한을 갖기보다는 책임 있는 삶을 살아야 한다고 생각한다. 신자에게는 하나님을 믿고 있다는 것 자체가 모든 것을 가진 것이기 때문이다. 신자는 이미 모든 것을 가졌기에 지금 서 있는 자리에서 책임 있는 삶을 살아야 할 뿐이다. 그런데 나는 때로 세상에서 더 많은 권한을 갖기 원한다. 그리고 아직 신앙인으로서 책임 있는 삶을 살고 있지 못해 교회에 다닌다고 말하기 어렵다. 과연 내가 언제쯤 책임 있는 사람으로 살 수 있을지도 의문이다. 신자에게는 책임 있는 삶이 요구된다. 그래서 난 평생 사람들 앞에서 교회 다닌다고 말하지 못할 것 같기도 하다. 그렇다고 숨기지는 않을 것이다.

스스로를 기독교 신자라고 말할 수 없을 것 같은 순간이 있다면 언제인가?

언제나 그렇다. 기독교 신자라고 하면 무엇인가 달라야 하지 않은가? 그런데 난 신자가 아닌 사람들과 별반 다르지 않다. 오히려 더 악독하고 더 약아빠졌다. 거룩한 척하지만 실제 나의 삶은 거룩함과 거리가 멀다. 입으로는 성경 말씀과 신앙인의 삶에 대해 말하고 훌륭한 척 흉내 내지만, 내가 배운 것과

나의 삶은 괴리가 크다.

기독교인이 아닌 사람과 결혼할 수 있는지?

할 수 있다. 그런데 선택권이 있다면 나는 그 길을 가지 않을 것이다.

신앙이란 무엇이라고 생각하는가?

신앙이란 삶에서 하나님을 인식하는 수준일 것이다. 하나님에 대한 인식은 하나님이 보여 주시는 수준까지만 가질 수 있다고 생각한다. 인간은 알고 싶어도 알 수 없는 것들이 많다. 그중 대표적인 것이 하나님에 대한 인식이다. 하나님의 일하심은 과학적으로 증명할 수 없다. 그런데도 나를 비롯한 많은 사람이 하나님을 믿는다. 물론 그중에는 하나님을 믿는 것이 아니라 다른 목적을 가지고 거짓말을 하는 사람도 있을 것이다.

하나님을 믿는다는 것은 하나님을 인식하고 있다는 것이고, 하나님에 대한 인식은 하나님이 보여 주시는 부분까지 가능하다. 그래서 신앙의 성숙은 하나님에 대한 전적인 의지에서 비롯한다. 그 수준은 사람마다 다르다. 그 수준이 다르다고 해도 구원을 받는 것에는 차별이 없다. 그런데 신앙이 성숙한 사람들에게는 하나님이 더 많은 책임을 요구하시는 듯하다. 하나님이 당신의 하나님 되심을 많이 보여 주신 이들에게는 더 많은 것들을 요구하시는 것 같다. 그런 삶은 참으로 고된 삶 같아 보인다. 그런데 그만큼의 가치가 분명 있을 것이다. 남들이 볼 수 없는 부분을 보기에 그런 어려움을 견딜 수 있는 깊이가 다르다고 생각한다. 그들은 세상이 추구하는 가치를 따를 필요가 없을 것이다.

현재 삶에 만족하는지?

만족하지 않는다. 어느 조건이 충족되어야 만족할 것인지 물어도 답하기는 곤란하다. 어떤 조건으로 만족하기란 매우 어렵다. 만족하는 삶이란, 조건에 의해서 주어지는 것이 아니라 개인의 신념과 가치관에 따라 주어지는 것 같다.

　나는 요즘 성경에서 제시하는 삶의 기준과 세상이 추구하는 가치관 사이에서 갈등하고 있다. 아마 삶에 대한 만족은, 내가 추구하는 무언가를 버릴 때 충족되지 않을까? 그렇다고 비우는 삶을 살자는 것은 아니다. 아마도 우리는 아무것도 원하지 않을 때 비로소 삶이 만족스러울 것 같다. 우선 나는 무언가를 갈망하고 있기 때문에 삶에 만족하지 못한다.

삶이란 무엇이라고 생각하는가?

어려운 질문이다. 죽을 때까지 이 질문에 대해 고민하다가 죽을 듯하다. 왜 인간에게 삶이란 것이 주어졌을까? 세상은 무엇인가? 유한하고 짧은 인생에는 어떤 가치가 있을까? 사는 것과 죽는 것은 무엇인가?

삶은 과정이라고 생각한다. 무수히 많은 시작과 결과들이 모여 있는 과정이다. 근본적인 시작과 끝은 없다. 하나님만이 시작과 끝이시다. 세상 누구도 완전한 시초가 될 수 없고, 진정한 끝마무리를 지을 수 없다. 누군가가 시작이라고 말할 때도, 그 시작 역시 다른 무언가에 영향을 받은 것일 뿐이다. 끝이라고 하더라도 제한된 범위에서의 마무리일 뿐이지, 세상에서 끝을 맺을 수는 없다. 우리는 하나님 안에서 시작된 우주의 역사에서 끝으로 가는 과정 속에 살아가고 있다.

삶이란 무엇인가? 누가 이 질문에 속 시원한 답변을 내려주었으면 좋겠다. 이성의 결집체라고 할 수 있는 과학은 현재 드러난 상황을 설명해 주기만 할 뿐, 근본적으로 삶이란 무엇인가에 대한 답을 주지 않는다. 하나님이 구성하신 시공간에서 인간은 매우 제한된 삶을 살아간다.

'잘 사는 것'이란 무엇이라고 생각하는지?

돈이 많으면 잘 사는 것일까? 어느 수준까지 돈이 있으면, 그 이상으로는 돈이 있어도 그로 인한 행복감이 높아지지 않는다고 한다. 그렇다고 행복하게 사는 것이 잘 사는 것일까? 행복은 개인의 주관적 감정이기 때문에 행복하기 위한 조건은 각자 다르다. 하루 동안 아무것도 먹지 않다가 저녁에 맛있는 음식을 대접받으면 그 순간 행복한 감정이 드리운다. 힘든 노동이 끝나고 쉬는 시간이 되면 그 순간에도 행복한 감정이 생겨난다. 행복은 상대적일 뿐, 행복하다고 잘 사는 것은 아니다.

하나님께 의지하는 삶이 잘 사는 것이라고 할 수 있다. 그런데 이러한 답변을 내리기 위해서는 자세한 설명이 필요하다. 즉, 하나님과 삶에 대한 고뇌와 번뇌가 전제되어야 한다. 누구나 할 수 있는 답변을, 구체적이고 깊으면서 논리적으로 설명해야 한다고 생각하는데, 그렇게 되면 하나님께 의지하는 삶이 잘 사는 것이라는 대답이 설득력을 가질 것이다. 나는 아직 이런 대답을 하기에 부족한 점이 많다.

언제 행복을 느끼는지?

나는 힘들거나 어려운 일을 겪고 난 후 그 일이 마무리되면 행복을 느낀다. 그리고 나를 온전히 받아 주는, 마음이 맞는 사람들과 함께하면 행복하다. 경이로운 자연을 보고 있을 때도 행복하다.

무엇을 먹고 있을 때 행복해하는 사람이 있고, 쾌락의 순간에 행복하다고 말하는 사람이 있다. 누군가와 함께 있을 때 행복한 사람도 있을 것이다. 사람마다 행복을 다양하게 받아들인다.

그러나 행복은 영원할 수 없다. 행복을 느끼는 순간은 보통의 순간에서 느낄 수 없는 상대적 결과물이다. 누군가가 처한 상황이 우리가 보기에는 행복할 것 같아도, 정작 그 사람은 그 상황 안에서 행복하지 않을 수 있다. 오히려 행복할 수 없어 보이는 조건에 있는 사람인데도 행복한 감정을 가질 수 있다.

고통이란 무엇이라고 생각하는가?

사람이라면 누구나 아픔이 있다고 생각한다. 나는 아픔 없는 사람을 만나 본 적이 없다. 그런데 공통점은 자기가 겪는 고통이 가장 힘들다고 한다는 것이다. 내가 지금 겪고 있는 현실이 가장 힘들다고 말한다. 고통을 주는 현실과 고통을 느끼는 정도는 사람마다 다르지만, 각자가 직면한 현실의 문제로 인하여 매우 힘들어 한다.

고통을 정의하기란 어렵다. 과거에 내가 경험한 고통들을 지금에 와서 생각해 보면 그것들은 그렇게 큰 사안이 아니었다. 당시에 고통을 느끼던 현실은 나를 억누르고 죽일 것 같았고, 해결되지 않을 듯했다. 그런데 자의로든 타의로든 현재 나는 그 현실에서 벗어나 있다. 아니. 아직까지 벗어나 있지 않더라도 나는 더 이상 그로 인해 괴로워하지 않는다. 내가 성장한 것일

까? 아니면 무뎌진 것일까? 여하튼 나는 과거와 비교해 볼 때 변화되었다.

누구나 괴로운 현실에 직면해 있다. 지금 매우 행복하다고 말하는 사람을 제외하고 대부분은 현실에 만족할 수 없을 것이다. 그 불만족으로 인하여 각자가 느끼는 고통의 정도는 다르지만, 모두가 현재 본인이 직면한 현실로 인해 어려워하고 있을 것이다. 삶은 어찌 보면 고통의 연속이 아닐까.

고통의 시간을 어떻게 보내는지? 그 순간 기도할 마음이 생기는지?

고통의 시간을 효과적으로 보내기 위해 여러 책들과 동영상들을 찾아보았다. 그런 것들을 보면서 내린 결론은, 그냥 시간이 흐르는 대로 내버려 두면 된다는 것이다. 시간의 흐름을 인정하고 버텨 내다 보면, 나도 모르는 사이에 나 자신이 달라져 있다. 그리고 상황이 달라져 있다. 현재 겪는 어려움 역시 그런 생각으로 버텨 내고 있다.

고통이 커질수록 기도하게 된다. 물론 기도의 내용이 은혜롭거나 거룩하지는 않다. 참으로 죄송하지만 하나님을 많이 원망했다. 왜 이런 결과가 나왔는지, 전지전능하시다면서 왜 나의 행복을 가져가시는지, 왜 나를 어려움에 놓이게 하시는지와 같은 원망이었다. 그런다고 해결되는 것도 없었다. 그저 시간이 흐르면서 내 안에 희미한 답들이 나오기 시작했는데, 나에게 어려웠던 순간들은 하나님께서 나를 깨우치기 위한 시간들이었다는 사실에 확신이 생겼다. 또 하나님께서 그런 상황들을 허락하신 것은 나를 구하시기 위해서였다는 점도 알게 되었다.

내가 되고 싶은 신앙인의 모습은?

하나님의 일하심을 인정하고 따르면서 하나님을 전적으로 의지하는 사람이 되고 싶다. 그 과정에서 나의 책임을 온전히 감당하는 사람이 되고 싶다.

이윤희 | 35세 | 주부 | 교회생활 6년 차

신앙은 자라나는 게 아니었다.
하나님이 우리를 키우기에
고단하신 거였다.

자기소개를 한다면.

나는 서울의 북쪽 끝 작은 동네에 살고 있다. 손수 만드는 것이
나 시간을 오래 들이는 것들에 관심이 가는 '달팽이과' 사람이
다. 물론 살림하는 손도 느린 편이라 스스로를 답답해할 때도
있지만, 사는 집도 좁고 들인 물건도 많지 않아 그럭저럭 적응
했다.

　다들 외로울 것 같긴 하지만, 아이를 키운다는 것은 조금 외
로운 일인 것 같다. 이 과정에서 영육이 탈탈 털리고 나니 조그
마하게 형성됐던 내 소중한 자아도 얼른 뽑아 버리는 게 마음
편하다(급한 대로 빨리 뽑아 버림). 물론 하나님은 '가정을 돌보
는 외로움이 얼마나 큰 은혜인지 알아야 하지 않겠니'라고 하

실 것 같다.

성격은 INFP(MBTI 성격 유형 중 하나)라 열정적인 중재자 타입이라고 tmi 자기소개를 해 본다. 쉽게 말해 '되는대로 사는 타입'인 것 같다. 성취에 따르는 보상이 주어지지 않아도 크게 신경 쓰지 않으며(조금은 신경 씀) 살아간다. 내 생각의 의미를 정확히 파악하지 못하곤 하는데, 스스로도 쉽게 정의 내릴 수 없는 상황이 많기 때문이다.

학교에 가면 전날 해 오지 않은 과제를 아침부터 매진하는 부류로, 준비 따위는 없이 사는 인간상이기도 하다. 모든 생활에 측량이 없는 것은 두말할 것도 없어서 아이가 이유식을 먹다가 토한 적도 있다. 요즘은 변하려고 노력 중인데 잘 안된다. 사람은 고쳐 쓰는 게 아니라고 하는 유행어가 있던데, 외출할 때 나 대신 아이가 필요한 것을 확인할 정도니까 이제는 좀 변할 때도 된 것 같다.

이런저런 이유로 스스로를 정의하는 것이 예전에는 무척 어려웠던 것 같다. 나를 평가하면서 스스로에게 실망해 버릴까봐 두렵기도 했다. 어쨌든 나는 세상의 유혹에 자주 휩쓸리고 자본주의 시대에 어울리는 물질과 부를 추구하기도 했다가 성경 말씀을 읽을 때면 다시 영혼의 자리를 찾아가 보려고 노력하면서 살고 있는 평범한 가정주부이다.

예전에는 술을 좋아했는데 절제가 안되어 기도했더니 식도염으로 금주를 응답받았다. 아무튼 예수 믿는다고 말하기 부끄

러운 사람이다.(야너두…?)

코로나 시대에 어떻게 살고 있는지? 특별한 일이 있었는지 궁금하다.

한번은 처음 겪어 보는 목의 통증과 근육통으로 4일 정도를 고생했는데, 코로나 바이러스에 감염된 줄 알았다. 엄청 앓았다. 아침에 일어나서 눈을 뜨고 창밖을 바라보는데 '살려 주셨구나' 하는 생각이 들었다. 코로나 바이러스 검사를 했는데 다행히 음성이었다.

매일매일이 같은 듯 다르고, 그 안에 살아계신 그리스도를 발견한다. 낮고 높은 것, 차갑고 뜨거운 것, 촉촉하고 딱딱한 것, 향기롭고 그렇지 않은 것 등 만물 속에서 하나님이 우리에게 계속 손을 내밀고 계신다는 사실을 새삼 깨닫고 있다.

사람들을 만나는 일이 어려운 때가 되었지만, 이 시간을 통해 우리에게 말씀하시는 주께 더 다가갈 수 있는 것 같다. 누가 보면 '범생이'인 줄 알겠다. (사실 이런 시간이 한 시간이라고 치면, 나머지 스물세 시간은 불평불만 속에 허우적거린다.)

코로나 시대에 아이를 키우면서 어떤 생각을 하게 되었나?

편하게 즐기던 것들에 한계가 생겨 힘든 부분이 많지만, 반면에 기도하고 묵상하면서 얼마나 하나님을 멀리하고 살았는지 깨닫는다. 아이를 보살피면서도 아이에게 세상을 더 많이 접하게 하고 다양한 것들을 보고 느끼게 할 궁리만 했지, 아이가 하나님을 찾았으면 좋겠다고 생각하지 않았다. 하나님을 믿는다고 하면서도 세상을 우선시했던 것 같다. 견고하고 쓸모 있다고 생각했던 많은 것들이 홍수에 휩쓸려 갔을 때를 떠올려 본다. 머리를 쾅 하고 맞은 것 같은 느낌인데, 내가 노아의 방주에 타지 못할 인간으로 살아가는 것 같아 조금 무섭기도 했다.

코로나 시대가 오기 전에는 아이를 차에 태우고 이곳저곳 세상을 구경시키는 데 여념이 없었다. 또 무엇을 먹을까, 무엇을 입을까, 걱정하지 말라고 하셨는데 매일 그러고만 있었다. 밤의 고요는 온데간데없이 사라지고 태풍이 다가왔을 때에만 우리는 덜덜 떤다는 것을 잊고 또 잊어버린다. 이 정도면 곤충 급이 아닌지.

코로나 바이러스 때문에 교회에 갈 수 없었을 때 기분이 어땠는지?

한 사람을 사랑하는데 집안에서 반대하거나 피치 못할 사정으로 못 만나게 되는 경우와 같다.(후훗) 그 사랑은 식지 않듯이.

내가 다니는 교회는 규모가 작은 편이어서 온라인 예배가 없고 대신 메일로 설교문을 보내 주신다. 앉아서 설교문을 메

낮고 높은 것, 차갑고 뜨거운 것,
축축하고 딱딱한 것, 향기롭고 그렇지 않은 것 등
만물 속에서 하나님이 우리에게
계속 손을 내밀고 계신다는 사실을 새삼 깨닫고 있다

−

모하며 예배를 드리는데 나쁘지 않은 방법이라고 생각한다. 코로나가 심각해지기 전에도 나는 예배를 못 드릴 때가 많았는데, 대면 예배가 금지되니 더 마음이 아프다. 사람들과 교제도 나누지 못하고 맛있는 교회 점심도 못 먹고(가장 슬픈 부분), 이만저만 다들 힘들어하는 상황 속에 나 또한 어쩔 수 없는 약한 사람인 것이 느껴진다.

그래도 코로나 시대에 받은 은혜가 있다면 무엇인가?

자본주의 속에 묻혀 의식하지 못했던 부분들이 드러나는 것 같다. 우리는 태어날 때부터 많은 것들에 휘둘리며 살아가니까 어느 누구도 세상으로부터 자유로울 수 없고 그 가운데 도통 진가를 가려내기 힘들 때가 많다. 세상 것들이 다 사라졌을 때 우리가 어디로 나아가야 하는지, 말씀을 듣고도 마음에 담지 못하고 흘려보냈던 내용들과 세상의 가치는 정말 유한함을 다시금 느끼게 해 주시는 것 같다. 또 집에서 기도하고 묵상하는 시간이 예전보다 조금 늘어나기도 했다.

기독교인으로서 코로나 시대를 어떻게 보내면 좋을까?

하나님이 우리에게 자유의지를 주셨기에 믿음은 우리의 자유가 되었지만, 과연 어떻게 믿는 것이 좋을지에 대한 생각을 한

번 해 보게 된 것 같다. 세상을 대할 때 어디에 관점을 두면 좋
을지, 하나님 보시기에는 무엇이 좋을지 물음을 갖게 된다. 하
나님이 보시기에 지금 우리가 어떻게 하는 게 좋을까?

물이 빠지기를 기다리던 노아는 방주 속에서 어떤 마음으
로 지냈을지 생각해 본다. '내가 내 무지개를 구름 속에 두었나
니 이것이 세상과의 언약의 증거니라(창 9:13)'라고 하셨을 하나
님께 순종하며, 또 조심히 간구하며 지낼 수밖에 없는 것 같다.
나 개인적으로는 좋아하는 영화 〈인터스텔라〉를 자주 보며 지
내는 것도 나쁘지 않을 것 같다. 하나님이 작디작은 우리 각각
에게 보내 주시는 메시지를 듣기 위해 기도를 열심히 해 보는
것도 좋겠다.

코로나 사태가 종식되면 가장 먼저 무엇을 하고 싶은지?

교회 식구들 밥을 차려 드리고 싶은데, 하나님께 잘 보이려고
그런 건 아니고(조금은 그럴 수도 있지만), 소중한 사람들과 밥
먹는 것이 결코 사소한 일이 아니었음을 절감하기 때문이다.
가족이 나 빼고 기독교인이 아니어서 외로움을 느끼곤 하는데
그럴 때 같이 성경 공부를 했던 집사님들이 그립다. 모두 코로
나 시대 이후 세상이 많이 변할 거라고 예견하는데, 내 삶도 하
나님께 더 가까워지면서 성숙해졌으면 좋겠다. '소중히 여기던
다이아를 팔아서 어려운 이웃과 나누겠습니다'라고 말할 수 있

을 정도는 안 되더라도.(생각만 해도 힘들다.)

나는 왜 기독교 신앙을 가지고 있다고 생각하는가?

주님이 나를 사랑하고 계시다는 것을 느낄 수가 있고 나도 주님을 사랑하기 때문에. 하지만 내 사랑이 너무 미약하다는 것을 잘 알고 있어서 부끄럽다.

어떻게 신앙을 가지게 되었나?

천주교미리내성지(신유박해 시절 김대건 신부 유해를 몰래 훔쳐 숨어들어 온 신자들이 만든 동네)에서 나고 자라면서 영세를 받고 자연스럽게 신자가 되었다.

따지지 말고 믿으라는 강요 속에서 종교와 주님에 대해 늘 궁금증이 많았는데, 어릴 때 목욕을 하면서 신체 콤플렉스인 부분을 고쳐 주면 주님을 믿겠다고 했다. 그리고 그 부분을 해결해 주셔서 신앙심을 갖게 되었다.

그러다 천주교의 교리와 형식에 반감이 생겼고 주님에 대한 많은 궁금증을 갖기 시작했다. 예를 들어 고해성사를 할 때 신부님에게 내 죄를 알리는데 이 과정을 통해 하느님에게 어떻게 용서를 받을 수 있는지 또 행위로 구원을 받을 수 있는지 등에 관한 물음이 생겨났다. 이에 대해 신부님들에게 원초적인 질문을 던지던 당돌한 신자였다.

대학생 때까지 성당 활동을 열심히 하며 이런 생각들을 정립해 보려고 노력했는데 잘 안되어서 이십 대 중반에는 종교 생활을 멈추기도 했었다. 그 후 성경 말씀을 중시하는 개신교를 통해 말씀을 알아 가려고 하면서 종교 자체에 집중하기보다는 하나님을 더 사랑하는 시간을 가질 수 있게 되었다.

신앙이란 무엇이라고 생각하는가?

하나님의 사랑을 깨달아 가는 것이라고 생각한다.

내 신앙을 의심한 적이 있는지?

주로 믿음이 약해질 때 나타나는 증상 중 하나인데, '이 길 끝에 주님이 안 계신 거 아니야?'라는 생각이 들 때가 있다. 한번은 교회에서 성경 공부를 할 때, 이 물음에 대해 사람들에게 우회로 이야기한 적이 있었는데, 아직 젊어서 그렇다고 누가 가벼운 조크로 답해 주셨다. 만약 디저트 사 주시면서 그렇게 생각하면 안 된다거나 하는 식으로 진지하게 내 영혼을 붙잡아 매 주시려 했다면 나는 버둥거렸을 하찮은 인간이다. 그 말을 듣고 집으로 돌아가는 길에 만물이 아름다워 보였다. 그 무엇과도 비교되지 않을 풍성한 마음이었다. 그리고 나뭇가지를 보

가지에 매달린 연약한 나뭇잎을 지키기 위해
나무는 뿌리에서부터 애를 쓴다는 사실

–

니 애처롭게 달려 있는 나뭇잎이 나 같아서 눈물이 쏟아졌다. 가지에 매달린 연약한 나뭇잎을 지키기 위해 나무는 뿌리에서부터 애를 쓴다는 사실.

나에게 교회란 어떤 곳인가?

교회에 발이 닿기 전까지는 수많은 자기계발서가 그럴듯하게 나를 위로했다. 서두르지 말고 달리지 말고 그 자리에 멈춰도 된다고. 대체 뭘 멈추라는 건지, 인생은 흘러가고 있는데 어디서 어떻게 멈추라는 건지 모르겠다. 직장을 관두어도 괜찮고 사람들과 거리가 생겨도 괜찮고 뭐든지 괜찮다고만 하니 하마터면 그 말에 휘말릴 뻔했다. 세상은 무엇이 옳은지보다 행복이 더 중요하다고 외친다. 우리 본성으로는 절대 행복해질 수가 없는데. 로또에 당첨되어도 또 다른 불행을 느끼며 살아간다고 하던데.

'인간이 타락해서'라는 성경 말씀 한 구절이면 모든 게 만사 해결처럼 후련해지는데 왜 이걸 몰랐을까? 그런 면에서 나에게 교회란 서로 내가 더 타락했다고 고백하러 오는 신자들의 모임과도 같다. 교회에 가면 나만 타락한 게 아니었군, 하면서 더 당당히(?) 죄를 고백할 수 있게 된다.

그러지 않으려고 애를 쓰지만 어쩔 수 없는 본성에 의해 주님을 우리의 필요로 삼게 된다. (잿밥에 관심이 무척 많은) 나

또한 그 부분을 인정할 수밖에 없지만, 교회는 그런 우리를 훈련하는 곳이라고 생각한다. 이런 부분에 대해 다 같이 솔직히 이야기하고 털어놓을 때면 마음이 홀가분해지기까지 한다. 회개하면 용서해 주신다고도 하니 말이다.

예전에는 종교 시설에 대해, 주님과 나 사이를 오히려 방해할 수도 있는 곳이라고 생각하기도 했다. 내 죄를 신부님에게 대신 알려야 한다는 것에 대해 특히 그랬다. 신부님 앞에서 매번, '주일에 빠졌습니다. 용서해 주세요' 이런 말만 하고 있었고 내 죄목에 대해서는 거의 알지 못했다. 그땐 어리기도 했지만 성경 말씀을 몰랐고 말씀을 잘 알려 주는 사람도 없었고, 말씀이 주가 되지 않아서 방황했던 것 같다는 생각이 든다. (지금은 방황하지 않는다는 말이 아니다.)

어떤 교회에 다니고 있는지?

친구에게 선물받은 책이 있는데 그 책을 읽고 나서 막연하게 나도 이런 신앙생활을 하고 싶다는 생각을 했다. 책 제목은 《복음 안에서 발견한 참된 자유》이다. 지금도 이 책을 접했을 때를 잊지 못한다. 정말 '주님이 말씀하셨다'라는 말밖에는.

그러고 나서 교회에 한번 나가 보고 싶어졌다. 그래서 우리 동네와 가까운 곳을 추천받아 몇 번 나갔는데 사람들이 나에게 별 관심이 없었다. 예전에 회사 다닐 때, 자기가 다니는 교회에 같이 가자고 적극적으로 권하는 사람들도 있었는데, 그게 은연중에 나에게 부담이 됐었나 보다. 지금 다니는 교회는 처음 갔을 때부터 부담이 없었고, 사람들 반응도 그냥 새로운 사람이 왔나 보다 하는 분위기라 마음이 편안했다. 그리고 몇 달을 더 가니 교회 집사님들이 밥을 먹고 가라고 하셨다. 밥을 먹었는데 너무 맛있어서 또 몇 달을 더 가고, 경제적으로 어려울 때도 있고 괜찮을 때도 있어서 십일조를 널뛰기처럼 하지만 이 부분에 대해서도 교회에서는 전혀 신경을 안 쓴다.

처음 교회에 갔을 때는, 여러 의식으로 진행되는 천주교의 미사 방식과 달리 성경 말씀을 설교로 풀어 주는 것 때문에 집중력이 깨지곤 했다. 그때마다 중간중간 '오늘 점심 메뉴는 뭘까' 하는 생각이 들기도 했고 안드로메다로 갔다 오기도 했다. 하지만 어느새 말씀을 잘 듣고 싶어서 설교를 들으며 메모를 하게 되고 '오늘 설교 말씀이 너무 좋았네?'라며 건방을 떨기도 하는 내 모습을 발견할 수 있었다.

교회에 다닌 후 어떤 변화가 있었는지?

영혼이 병들어서 신앙에 대한 나의 무지조차 인식하지 못했던 때가 떠오른다. 뿌리 없는 나무로 살고 있었던 그때를 생각하면 지금도 소름이 돋는다. 교회에 나간 후로는 내 영혼이 얼마나 병들어 있는지 알게 되었다.

교회에 다니지 않는 지인들은 기독교나 교회에 대해 어떻게 생각하던가?

시어머니가 목욕탕에 가셔서 홀딱 벗고 있는데 전도를 당하셔서 기분이 정말 나쁘셨다고 한다. "목욕은 편하게 해야 되는 것 아닙니까?"라고 하셨다는데, 네, 목욕은 편하게 하게 놔둡시다.

사람들 앞에서 교회 다닌다고 말하고 싶지 않은 순간이 있다면 언제인가?

교회가 세상에 제멋대로 간섭해서 혼란을 부추겨 사람들에게 질시받을 때나. 아무 데서나 전도한답시고 사람들을 힘들게 할 때. 교회 다닌다고 말하기가 부끄럽다.

스스로를 기독교 신자라고 할 수 없을 것 같은 순간이 있다면 언제인가?

사도 바울을 소재로 한 영화를 본 적이 있다. 나는 목에 칼이 조금만 들어와도 바로 예수님을 배반해 버릴 것 같다.

고향인 미리내성지에는 순교 당한 사람 103명을 조각으로 만들어 놓은 103위 성전이라는 곳이 있는데, 어릴 적 미사를 드리러 갔을 때 자주 구경했다. 목이 베인 순교자들의 모습이 거의 트라우마처럼 남아 있다. 피도 흥건하고, 어휴. 나는 도저히

그 사람들처럼 할 수 없을 것 같을 때, 신자라고 하기가 어려워진다.

교회가 어떤 곳이 되었으면 좋겠나?

주님을 닮기 원하는 사람들이 있는 곳이 되었으면 좋겠다. 좁은 길로 가려고 노력하면서 또한 남을 배척하지 않는 넓은 마음을 가지려고 노력하는 사람들이 있는 곳. 참 어려운 길이다.

현재 삶에 만족하는지?

시험을 보고 나서 망했을 때 오히려 마음이 편안해지는 경험을 한 적이 있다. '와, 이번 시험 망했네. 다음에는 이것보다는 낫겠지.' 만족이나 불만족이 무의미해지는 것이다. 이와 비슷하게 만약 내가 어떤 삶을 꿈꾸고 그 이미지를 구현하고 싶은데 그러지 못하면 만족으로든 불만족으로든 상태가 갈릴 텐데 나는 매일 아마추어같이 아침에 눈 뜨고 일어나면 삶이 나를 보내는 대로 동물처럼 살기 때문에 아직까지는 만족과 불만족에 대한 느낌이 없다. 삶이 뭔지도 잘 모르겠다. 확실한 것은 이런 성격임에도 불구하고 인생에서 겪는 비교와 불안 속에 허우적거릴 때가 많다는 것이다. 그럴 때마다 우리는 왜 이렇게 많은 것들에 신경을 쏟으며 살아가야 하는지에 대한 의문이 크다.

삶이란 무엇이라고 생각하는가?

아기일 때는 아무것도 모르면서 조금 크면 혼자서 할 수 있다고 능력을 뽐내고 싶어 한다. 그러다 삶의 풍파를 겪으며 무한한 자기반성을 하고, 결국에는 구부러지는 인생의 굴레를 생각한다. 스스로가 인생의 주인이라 여긴다면 삶이 내 것이라고 생각하겠지만, 하나님을 섬기는 사람이기에 삶은 그저 하나님을 따라가는 여정이라고 생각한다. 그래서 정말 좋다. 인생은 하루하루가 연습장이다. 오늘 망하면 내일 다음 장에 새로 쓰면 된다. 주님이 연습장을 넉넉히 주셨을지 야박하게 주셨을지는 모르겠지만.

언제 행복을 느끼는지?

예전에 쓴 이력서를 다시 읽어 보니까 '저는 꿈을 향해 전진하고 있을 때 행복합니다'라고 적혀 있었다. 정말 소름 돋을 뻔했다. 지금은 내 꿈이 뭔지도 잘 모르는데.

　요즘에는 기도할 때와 주님이 나에게 필요한 것을 주셨을 때가 가장 기쁘다.

삶은 그저 하나님을 따라가는 여정이라고 생각한다.
그래서 정말 좋다. 인생은 하루하루가 연습장이다.
오늘 망하면 내일 다음 장에 새로 쓰면 된다.
주님이 연습장을 넉넉히 주셨을지
야박하게 주셨을지는 모르겠지만

－

'잘 사는 것'이란 무엇이라고 생각하는가?

자식은 사소한 것까지 부모를 닮는다. 우리도 우리를 만드신, 우리의 아버지이신 하나님을 닮고 따르려고 노력하며 사는 것이 잘 사는 길인 것 같다. 또한 살아가는 것을 힘들게 여기지 않는 것이 종 된 우리의 자세여야 한다고 생각한다. 하지만 현실은 매번 번거롭고 귀찮다.

고통이란 무엇이라고 생각하는가?

인간의 본성이 깎이는 것이 고통인 것 같다. 하나님은 우리를 연단하시고 우리의 날카로운 부분을 제거하셔서 사람답게 만들려고 하시는데 우리는 힘들고 아프다고 발버둥 친다.

　고통이란 어디서 오는 것일까에 대한 생각을 많이 하는데, 우리의 영혼이 약할수록 조그만 일에도 극심한 고통을 느끼는 것 같다.

고통스러운 시간을 어떻게 보내는지? 그 순간 기도할 마음이 생기는지?

수없이 많은 고통의 시간이 있다. 예전에는 울고불고 술 먹고 난리 치며 살았는데, 술도 못 먹을 정도로 아파서 그냥 울기만 할 때도 있었다. 울 힘도 없어지니, 하나님이 기도하게 만드셨

다. 속으로 이렇게 기도하면 되려나, 저렇게 기도하면 되려나 하면서 내 안에 힘이 잔뜩 들어가 있을 때면 하나님이 힘도 빼 주시는 것 같았다.

아무것도 할 수 없을 정도로 나를 바짝 엎드리게 하시는 것 같은 때를 실감한 적도 있다. 앞으로의 남은 여정에서 더 만만치 않을 때가 많을 것 같아 두렵기도 하지만, 그 여정마저 살아내게 하시는 능력을 가지고 계신 하나님을 믿고 따라가 본다. 뒤돌아 생각해 보면 하나님은 내가 어려서 목욕할 때마다 소원 들어 달라고 생떼 부릴 때, 학교 가기 싫을 때, 대학교 입시 치를 때, 남자친구랑 연애할 때, 결혼할 때, 수술할 때, 출산할 때, 아플 때, 수도 없이 나와 함께해 주시고 나를 붙잡아 주셨음을 느낄 수 있다. 지금도 힘든 일 속에 있고 우리는 여전히 세상 풍파 속에 있지만, 처음과 같이 이제와 항상 영원히 함께하신다고 하니까, 폭풍 눈물이다.

현재 고민하는 신앙 문제가 있다면 무엇인가?

주일성수를 꼬박꼬박 못하는 점이 고민이다. 이것 때문에 기도하고 있지만 아직은 현재 진행형이다. 또 한 가지, 남편이 불교 신자이다. 이 부분도 기도 중이다. 남편이 아내를 많이 사랑하면 종교도 따라간다는 이야기를 듣곤 하는데, 들을 때마다 우울하다. 그럴 리가 없을 것 같아서.

성경을 보고 난 후 부부 싸움을 하면 너무 괴롭다. 짜증이 나서 짜증을 내는 건데(그것도 많이 참는 수준), 남편이 '그러려고 성경 봤구나? 거기 그렇게 적혀 있어?'라고 하면 꿀 먹은 벙어리가 된다. 한순간에 나를 약자로 만드는 멘트를 잘 알고 있는 것 같다.

결혼해서 좋은 점과 나쁜 점은 무엇인가?

결혼을 해 봤더니 주께 기대지 않으면 살아 낼 수 없는 날이 많다. 딱히 결혼을 해서가 아니라 사실 삶 자체가 주께 기대지 않으면 살아 낼 수 없는 것이라고 할 수 있겠다. 그런데도 우리는 계속 하나님이 아닌 다른 것에서 해결책을 찾으려고 부단히 애쓰고 금세 지친다.

결혼해서 좋은 점은, '내가 이렇게 영혼의 바닥까지 다 썩어 버린 거지같은 인간이었구나' 하고 내 속을 매일매일 들여다볼 수 있는 시간을 갖게 되었다는 점이다. 다행이라고 생각한다. 하마터면 모르고 살 뻔 했기 때문이다. 나쁜 점은, 결혼을 안 하면 몰랐을 것들인데, 결혼하고 나니까 눈치가 생겨 여러 가지 것들을 단번에 빨리 깨닫는다는 점이다. 천천히 알았으면 참 좋았을 것들인데 말이다. 서로 누가 더 썩었는지 매일 비교하는 것도 참 웃긴 일이다. '당연히 네가 더 썩었지.'

내 속을 들여다보고 참회를 해도 머지않아 매한가지로 우리는 서로를 헐뜯고 시비한다. 어이없게도 남편은 자기의 결혼 생활에 '사차원 말괄량이 길들이기'라고 제목을 붙였다. 한번은 그냥 내가 져도 된다고 생각해 버리고 성경 말씀대로 내가 다 잘못했다고 했더니 남편이 더 크게 화를 내는 것이다. 뭘 잘못했는지 알아야 다음부터 잘 나아갈 것 아니냐고, 나 참. 그리스도의 향기를 전하는 것이 어려운 줄은 진작 알고 있었지만.

나에게 신앙이 없다면 어떤 삶을 살고 있을까?

내 존재가 수단에 불과하다는 생각으로 다른 어떤 것에 열중하고 매달리며 살고 있을 것 같다. 또 나를 제약하고 있는 무언가가 나를 속박하고 있다면서 삶에 대해 납득하지 못한 채 살아가고 있을 것 같다. 내용이 나쁘면 뭔가 이유가 있어야 하는데, 그럴 때마다 다른 것으로 핑계를 삼고 있을 것 같다.

아이를 키우는 일은 신앙에 어떤 영향을 주는지?

'하나님이 모든 것을 아시니까'라며 기도를 소홀히 하는 경향이 있었다. '이쯤 되면 다 아실 텐데 왜 그러시지?'라고 하면서. 하지만 아이를 키우다 보니 내가 눈치로 아이의 마음을 안다고 하더라도(물론 인간은 알고 있다고 착각하는 수준밖에 안 되지만), 아이가 솔직하게 말하고 털어놓을 때 느껴지는 기분이 좋다는

것을 깨달았다. 그래서 요즘은 하나님께 뜬금없이 자주 사랑 고백을 한다. 이 부분은 아이에게 배운 좋은 점이라고 할 수 있다.

아이가 있어서 많은 것을 깨닫는다. 하나님 앞에 저지르는 나의 잘못을 더 자주 더 많이 알 수 있다. 값없이 주시는 것이 당연하다고 생각하고 그분의 사랑을 감사하게 여기지 않은 점에 대해서도 새삼 깨닫는다. 아이가 "엄마, 이것 주세요. 고맙습니다"라고 말하면 나도 기분이 좋지만 너무 당연하게 빨리 내놓으라고 하면(이럴 때가 대부분이다) 기분이 나쁘다. 인간이 하는 사랑은 아무리 크다고 해도 너무 미약하다. 물론 하나님은 나처럼 좀생이 수준의 인격이 아니실지라도, 주님을 대하는 것에 분명히 예의를 갖춰야 한다는 점을 배우고 있다.

아이가 내 머리로는 좀처럼 이해되지 않는 행동을 하거나 떼를 쓸 때, 불현듯 '지금 하나님이 보시는 내 모습과 똑같군' 하는 생각이 든다. 신앙은 자라나는 게 아니었다. 하나님이 우리를 키우기에 고단하신 거였다.

나에게 신앙이 있어서 좋은 점이 있다면 무엇인가?

우리는 사랑을 하고 있는데도 사랑을 하고 싶고, 밥을 먹고 있는데도 배가 고프고, 살고 있지만 사는 것 같지 않아서 살고 싶을 때가 많다. 그럴 때 영감을 주는 예술 작품이나 여행 같은 것들이 도움이 되기도 하지만 그런 것들은 전부 일시적이고 우리의 감정은 또다시 반복된다.

'삶이 지겹다. 너무 우울하다'는 말은 '사고 싶은 것은 많은데 돈이 없고, 남편은 잘해 주지도 않는 것 같고, 자식은 속 썩이고'의 줄임말이기도 하듯이 인생에서 자꾸 위로를 찾으려 부단히 노력한다.(지금도 마찬가지다.) 마치 집에 턴테이블도 없는데 고급 엘피판을 선물로 받으려는 것 같다고 해야 할까. 정신 차리고 보면 거지같은 일상이 찾아와 있고.

주님을 믿으면 이런 모든 것들이 다 괜찮아진다는 말은 아니다. 하지만 나는 그런 생각들로부터 많이 괜찮아졌다고 조심스럽게 고백해 본다. 그냥 내가 원래 바닥까지 썩었다는 사실을 몰라서 답답했는데 이 중요한 것을 알려 주시니까 마음이 가벼워졌다고 할까.

내가 되고 싶은 신앙인의 모습은?

성부 성자 성령이 삼위일체로 어떠한 흔들림도 없는 모양이듯이, 어떤 마귀의 유혹에도 흔들리지 않는 신앙인이 되고 싶다. 라고 말하고 싶지만 이렇게 앞서 나가는 나를 항상 다독이시는 것 같다. 태풍, 벼멸구 시기에 잘 견디어 때가 되면 여물고 저무는 계절이 올 것이라 믿는다. 그때 '모두 들어오렴. 수고 많았어'라고 말씀하실 주님의 음성을 기대하며, 그 길을 차분히 따라가고 싶다.

정한 | 36세 | 온라인 영업 사원 | 교회생활 12년 차

하나님이 계시지 않았으면
설명할 수 없는 일들이
너무나도 많아져 버리네요.

자기소개 부탁드려요.

안녕하세요. 저는 온라인으로 장난감을 판매하고 있습니다. 어릴 때부터 영업 사원이 되고 싶었는데, 증권 영업을 해 볼까 하다가 여러 가지로 막혔고, 어쩌다 보니 지금은 아이들 장난감을 팔고 있습니다.

온라인 영업은 어떤 방식으로 이루어지나요?

먼저 인터넷으로 여러 제품들과 그 가격을 확인한 다음 판매하기에 적절한 제품을 선택합니다. 경쟁사의 유사 제품을 참조하여 온라인 유통 채널(11번가, G마켓, 옥션, 쿠팡 등)에 선택

한 제품의 판매를 제안한 다음. 판매를 진행하고 제품을 발송해 줍니다.

요즘에는 어떤 장난감을 판매하나요?

BTS 패션돌, BTS 미니돌, 피셔프라이스 제품, 핫휠 제품, 바비 제품, 옥토넛 제품, 메가블럭 제품, 쥬라기월드(유니버설) 제품, 미니언즈(유니버설) 제품 등 미국 마텔사에서 만든 제품들을 판매합니다.

장난감 판매 사업은 코로나19의 영향을 받았나요?

코로나19로 매출이 상승했습니다. '집콕' 키워드와 연결해서 생각하면 쉽게 이해가 될 것입니다.

코로나 시대에 어떻게 살고 있나요? 특별한 일이 있었는지 궁금합니다.

특별한 일이라면 작년에 결혼을 했습니다. 코로나19로 삶이 크게 달라지지는 않았습니다. 생활하기에는 조금 답답해졌지만 그래도 먹고, 자고, 일하고, 운동하면서 여전히 해야 할 일들을 지속적으로 하고 있습니다.

비대면이긴 하지만 예배나 교회 모임에도 마찬가지로 계속 참여하고 있습니다. 개인적으로는, 코로나19로 인해 주말에 결혼 준비를 할 시간적 여유가 많았고, 매출이 상승해 회사에서 이전보다 많이 시달리지 않았습니다.

코로나 때문에 교회에 갈 수 없었을 때 기분이 어땠나요?

솔직히 처음에는 휴가를 받은 느낌이었어요. 교회에 나가지 않으니 육체적으로는 편했습니다. 더욱이 결혼 준비를 하는 동안에 청년부 임원을 맡게 되어서 여유가 없을까 봐 마음에 부담이 있었는데, 코로나19로 이전보다 할 일이 많이 줄어서 시간적 여유가 있었던 것 같습니다. 마음의 부담이 이런 식으로 줄어드는 것은 바람직하지 않다고 생각하지만 결과적으로는 바쁜 삶에 여유가 생겨서 결혼 준비를 잘 할 수 있었네요.

한편으로는 매주 교회에 나가 기도하고 새로운 한 주를 살아 낼 힘을 얻었던 나날들에 대한 그리움이 있습니다.

줌(Zoom)으로 하는 교회 모임은 어떤가요?

오프라인에서 해야 할 일들이 줄어서 몸이 편해졌다는 점과 예산을 아낄 수 있다는 점은 좋지만, 사람들을 직접 만나지 못해 교제의 폭이나 깊이가 줄어드는 것 같아요.

뉴스에서 교회발 코로나 집단감염 사례 등 교회가 사회에 물의를 일으킨 일에 대한 기사를 접할 때 어떤 생각이 들었나요?

'그들의 열심은 어디에서 오는가?'라는 질문을 많이 하게 됩니다. 예수님의 보혈은 아닐 것 같습니다.

기독교인으로서 코로나 시대를 어떻게 보내면 좋을까요?

교회 목사님이 해 주신 말씀이 떠오릅니다. '인간은 누구나 큰일들을 겪게 되어 있다. 출생, 결혼, 죽음 등 모든 사람이 이런 큰일을 겪을 텐데, 스스로 만족할 만큼 완벽하게 준비를 하고 이런 일들을 겪는 사람은 없다. 각자가 가진 실력으로 그 일들을 겪는다. 그때 각자의 실력만큼 하면 된다. 너무 큰일이라고 두려워하지 마라. 하나님께서 채우신다.'

여러 순간에 떠오르는 말씀인데요. 우리는 지금 코로나 시대를 실력만큼 겪고 있다고 생각합니다. 부족한 부분은 하나님이 채워 주실 것이라는 믿음과 이 모든 일이 하나님과 무관하게 벌어지는 것이 아니라는 믿음으로, 내가 서 있는 자리를 지키면서 굳게 서 있으면 되지 않을까 싶습니다.

코로나 사태가 종식되면 가장 먼저 무엇을 하고 싶나요?

신혼여행을 가고 싶네요.

이 모든 일이 하나님과
무관하게 벌어지는 것이 아니라는 믿음으로,
내가 서 있는 자리를 지키면서 굳게 서 있으면
되지 않을까 싶습니다

-

매 주일 교회에 열심히 나갔던 이유는 무엇인가요?

교회에 처음 갔을 때를 떠올려 보면, 교회에서 나누는 이야기들은 제가 살면서 써 오던 언어들과는 본질적으로 달랐습니다. 이야기를 나누는 목적 또한 달랐고요. 이런 사람들이 있구나 싶었습니다. 교회 밖에서는 주로 연예인, 게임, 돈, 직업, 스포츠 등 삶의 곁가지들에 대해 이야기하고 생각한다면, 교회 안에서는 각자 살면서 어떤 일이 있었는지, 성경에 기록된 사건들이 내 삶이나 주변에서 비슷하게 일어나고 있지는 않은지, 성경 속 인물들이 겪은 일들을 우리도 겪는다면 어떻게 반응해야 하는지에 대한 이야기를 주로 나누었던 것 같습니다. 교회에서 이야기를 할 때면 초점이 외부 세계로부터 자연스럽게 '인간'에게로 옮겨지는 듯한 느낌을 받았고, 이런 점 때문에 꾸준히 교회에 나가지 않았나 싶습니다. 또 교회에 가면 지난 한 주의 수고에 대한 위로와 다시 새로운 한 주를 살아 낼 힘을 얻었던 것 같습니다.

생각해 보면, 제가 빠지지 않고 교회에 나간 것이 아니라, 하나님이 한 주도 거르지 않고 저를 교회로 불러 주셨습니다.

지금까지 어떤 교회들을 다녔나요?

회사 인턴으로 일하던 시절에, 지인이 교회에 한번 같이 가 보자고 해서 호기심에 처음으로 가 보게 되었습니다. 그때 교회에서 '요나' 이야기를 들었고, 교회에서 준 국수가 맛있었던 기억이 납니다. 그러고 나서 1년 후쯤에 지금 다니는 교회에 오게 되었습니다.

지금 다니는 교회를 계속 다니는 이유는 무엇인가요?

하나님이 저를 지금의 교회로 불러 주셨고, 하나님이 이 교회를 통해 제 삶에 일하시는 것이 느껴져서 지금까지 계속 다니고 있는 것 같습니다.

교회에서 어떤 활동들을 하고 있나요?

초등부에서 교사로 돕고 있습니다. 저는 모태 신앙인이 아니어서 어릴 적 교회에 대한 추억이 없는데요, 어린 친구들이 교회에서 어떻게 신앙생활을 하는지가 궁금해서 교사를 하게 되었습니다.

교회에서 초등부 교사를 해 보니 어떤가요?

일주일 동안 회사 일에만 묻혀서 살다가, 주일에 초등부 교사로 시간 맞춰 교회에 갈 때면, 교회 일에만 집중하게 되는데 일상을 벗어나는 느낌이 들어서 좋은 것 같습니다.

또한 다양한 연령대의 사람들과 이야기를 나눌 수 있다는 점이 좋고, 성경을 한 번이라도 더 읽을 수 있다는 점도 좋습니다.

교회 친구들과는 주로 어떤 이야기를 나누나요?

서로 도와줄 일은 없는지, 요즘에는 어떤 내용으로 기도하는지, 또 성경을 읽고 생각했던 점이나 개인사 등을 나눕니다.

개인적으로 마음에 들었던 목사님과 좋지 않게 여겨졌던 목사님이 있었다면 어떤 유형들인지 이야기해 주세요.

은혜로운 설교를 해 주시는 목사님이 좋습니다. 반면 자녀에게 교회를 세습하거나 십일조를 강요하거나 행위만을 강조하거나 신자 수나 교인 출석률에 집착하는 목사님들은 좋지 않게 여겨집니다. 또 방언과 같은 은사들을 너무 강조하는 목사님들이나, 예를 들어 제사 때 절하면 사탄이 옆에서 웃고 있다는 식의 황당한 말을 해서, 신자와 비신자 사이를 더 멀어지게 만드는 목사님들은 좋지 않게 여겨집니다.

교회에 대한 좋은 기억과 나쁜 기억이 있다면 이야기해 주세요.

교회에서 있었던 기억은 거의 다 좋았습니다. 사정상 교회에 가기 힘든 날에도 불구하고 어떻게든 교회에 가면 하나님이 저에게 은혜를 부어 주시는 것을 정말 많이 느꼈어요.

굳이 안 좋은 기억을 떠올려 보자면, 특정 부분에 대해 강하게 선을 긋는 사람들이나, 사람을 가리고 끼리끼리 모이거나 뒷담화를 하는 사람들의 태도입니다. 그래서 사람들과 모여 있을 때 그 자리에 없는 사람의 이야기는 되도록 꺼내지 않으려고 노력하는 것 같습니다.

교회에 나가고 싶지 않았던 적이 있다면 이유가 무엇인가요?

제가 교회에 가고 싶지 않은 날이 있다면, 몸이 너무 너무 너무 피곤해서입니다.

교회에 다니지 않는 지인들은 기독교나 교회에 대해 어떻게 생각하던가요?

개인적으로 기독교나 교회에 대해 직접적인 비판을 들은 적은 너무나 많습니다. 그 외에 최근 주변을 떠올려 보면, 회사에서는 "왜 하나님은 인간을 남자와 여자로 구분해서 만드신 거냐?" 하는 등의 질문을 하시는 분도 있고, 기독교에 대해 긍정적인 분도 있습니다.

집에서는 저 혼자만 교회에 다니는데, 아버지는 교회를 사기

꾼 집단이라고 생각하시고 어머니는 하나님이 어떤 분인지는 몰라도 우리를 잘 살게 해 주었으면 좋겠다고 하십니다. 형은 어쨌든 하나님은 없다고 하고요.

나에게 교회란 어떤 곳인가요?

죽을 때까지 다니게 될 곳이라고 생각합니다.

교회가 어떤 곳이 되었으면 좋겠나요?

추성훈과 양세찬이 뛰노는 곳이요. 절대 어울릴 수 없을 것 같은 다양한 사람들이 함께 즐거워하며 어우러지는 곳이 되었으면 좋겠습니다.

언제, 어떻게 기독교 신자가 되었나요?

정확히 2010년 12월 5일부터입니다. 친하게 지내던 형이 저에게 성경책을 선물해 주면서 어느 목사님에 대해 이야기해 주었는데, 신학계의 벤저민 그레이엄(워런 버핏의 스승)이라고 하기에, 딱 세 번만 나가 보겠다고 했습니다.

그 형을 따라 교회에 가서 예배를 드리는데, 철학 수업을 무료로 듣는 느낌이어서 좋았습니다. 그때 예수님이 세 가지 시

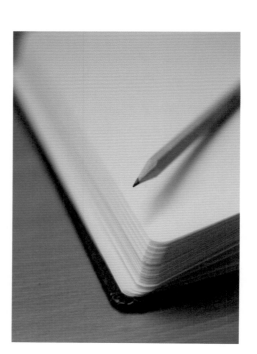

험을 당하시면서 주 하나님 아버지 외에는 그 누구에게도 무릎
꿇을 수 없다고 하신 이야기를 들었습니다. 하나님 아버지를 시
험하지 말라는 이야기도 들었던 기억이 납니다. 그날 내친김에
새신자 교육을 받았는데 그곳에서 '복음(기쁜 소식)'에 대해 들
었습니다. 그렇게 하루를 가 보고 3주 연속으로 더 나가 보았습
니다. 그 후 청년부 모임에도 가게 되었는데, 처음 청년부 모임
에 갔을 때 '저는 하나님이 계신지 안 계신지 잘 모르겠지만 일
단 열심히 다녀 보겠다'라고 했더니 누군가가 '나도 잘 몰라'라
고 해 주어서 마음 편하게 청년부 생활을 시작할 수 있었습니다.

하나님이 계시다는 확신을 언제부터 갖게 되었는지는 모르
겠습니다. 하지만 지금 돌이켜 보았을 때 하나님이 계시지 않
았으면 설명할 수 없는 일들이 너무나도 많아져 버리네요.

언제부터 신앙심이 생긴 것 같나요?

정확히는 모르겠지만, 교회에 다니고 2~3년 후인 것 같습니다.

지금껏 기독교 신앙을 유지하고 있는 이유가 무엇인가요?

지금까지 제가 알게 된 하나님은, 어떤 도움도 필요하지 않으
신 분이며 선악으로 저울질하여 우리를 평가하는 분이 아니며
악을 악으로 갚지 않으시는 분이며 저를 사랑하시는 분이라고

생각하기 때문입니다.

신앙이란 무엇이라고 생각하나요?

하나님에 대해 알아 가고 하나님과 관계를 맺는 것이라고 생각합니다.

신앙의 변화를 느꼈던 적이 있나요?

뚜렷한 변화가 있었다기보다는 가랑비에 옷 젖듯이 차츰 신앙이 변화되었던 것 같습니다.

요즘 고민하는 신앙 문제가 있다면 무엇인가요?

신앙생활을 열심히 하지 못하는 것 같아서, '혹시 하나님이 화를 내시면 어떡하지?'라는 생각을 합니다.

고통스러운 순간을 어떻게 보내나요? 그 순간 기도할 마음이 생기나요?

예전에 제 머리로는 도저히 이해가 안 되고 제 삶에 너무 큰 변화를 준 고통스러운 일이 있었어요. 그때 하나님이 절 보고

뚜렷한 변화가 있었다기보다는
가랑비에 옷 젖듯이 차츰
신앙이 변화되었던 것 같습니다

-

계신다는 생각이 막연히 들었습니다. 막상 너무 고통스러울 때는 기도할 생각이 떠오르지 않아요. 그저 고통의 시간을 빨리 벗어나려고 발버둥 치는 편인데요. 그러다 보면 어느새 하나님께 기도하고 있는 저를 발견하게 됩니다.

평소에 어떤 내용으로 기도하나요?

오늘 하루를 감사드린다고 기도하고, 내일을 살 수 있는 힘을 달라고 기도합니다.

신앙이 있어서 좋은 점과 나쁜 점은 무엇인가요?

하나님에 대해 알아 간다는 점이 좋습니다. 살다 보면 힘든 일들을 겪게 되는데 그 일들을 겪는 동안 나를 사랑하시는 하나님이 어떤 마음으로 나에게 이런 일을 겪게 하시는지를 고민해 볼 수 있다는 점이 은혜가 됩니다. 신앙이 없었다면 힘들 때 포기하거나 욕을 하거나 자포자기하거나 억울한 마음에 혼자 죽지는 않겠다는 생각으로 타인을 끌고 들어와 괴롭혔을 것 같아요.

　신앙이 있어서 좋지 않게 여겨지는 부분은 창의성이 사라지는 느낌이라고 할까요. 신앙이 있으면 기쁜 일이든 슬픈 일이든 하나님을 벗어나서 생각할 수가 없는데, 만약 신앙이 없다면 다양한 이유를 생각해 볼 것 같거든요.

나에게 신앙이 없다면 어떤 삶을 살고 있을 것 같나요?

그런 삶은 생각만 해도 머리가 아프네요. 앞에서 말한 창의성
(?)이 생길지는 몰라도, 삶에서 이해되지 않는 여러 일들에 대
한 이유를 찾아 헤맬 것 같아서입니다.

삶이란 무엇이라고 생각하나요?

신앙이 없을 때의 삶은. 그저 남에게서 무언가를 얻기 위한 삶
이었습니다. 남이 가진 것을 얻어서 제가 가진 자가 되는 것이
삶의 목적이었습니다. 그런데 하나님이 저를 창세전부터 계획
하셨다는 사실을 알고 나서부터는. 삶이란 하나님에 대해 알아
가는 것이고, 저를 절대 포기하지 않으시고 무슨 일이든지 실
패하지 않으시는 절대자 안에서 마음껏 뛰노는 것이라고 생각
해요.

　삶이 이런 것이라고 생각하면. 누군가 저를 돈이나 생명으로
위협하는 순간에도 '좋아. 그래서 어쩔 건데?'라고 말할 수 있
게 될 것 같습니다. 얼마든지 흔들릴 수 있는 불안한 상황에 놓
여도 하나님의 사랑에서 분리될 수 없는 삶. 그것이 제가 생각
하는 저의 삶입니다.

'잘 사는 것'이란 무엇이라고 생각하나요?

안 그래도 요즘 유튜브에서 〈잘잘법〉을 보면서 연구하는 주제입니다.

초등부 교사를 하면서 느낀 것인데요. 초등부에서 유년 시절을 보낸 사람들이 오십 대가 될 때까지, 그 오랜 기간 동안 꾸준히 봉사를 하시는 어른들을 보곤 합니다. 초등부에서 유년 시절을 보낸 사람들도 어른이 되어 그분들의 오랜 수고를 귀하게 바라보고 은혜를 받는데, 그렇게 꾸준히 자기 자리를 지키면서 늙어 가는 모습이 잘 사는 것이라고 생각합니다.

언제 행복을 느끼나요?

요즘에는 아내가 해 주는 맛있는 밥을 먹고 아내와 함께 인생을 나누고, 함께 운동하고 함께 잠들 때 행복을 느낍니다.

신혼 생활에서 느끼는 결혼의 장점과 단점은 무엇인가요?

결혼해서 좋은 점은 삶에 회복이 있다는 점입니다. 결혼을 하고 나서, 공유한다는 것에 대해 많이 생각해 보게 되었습니다. 우리 인생은 하나님과 함께 걷는 것이고 늘 하나님을 생각하는 것인데, 신자에게는 이것이 회복이라고 생각합니다. 이를 결혼과 비교해 보았을 때, 결혼 전까지는 나의 몸과 나의 생각을 누군가와 공유하지 않은 채로 누구의 눈치도 보지 않고 제멋대로 살았던 적이 많았습니다. 늦잠을 자기도 하고 몸에 해로운 일을 하기도 하고 설거지나 청소를 미루기도 했고요. 그런데 결혼을 하고 나니 물건이나 공간이나 시간을 비롯한 모든 것을 공유하게 되었습니다. 내 몸조차 나 혼자만의 것이 아닌 상황이 된 것입니다. 저는 이 점을 삶의 회복이라고 생각합니다. 하나님 안에 있을 때에만 우리 삶에 회복이 가능하듯이 말입니다. 또한 결혼 생활을 통해 하나님과 늘 함께하는 신자의 삶에 대해서도 다시 생각해 보게 되었습니다. 아무튼 결혼을 해 보니, 공유하는 삶을 경험하게 되었고 이는 제 삶을 회복하게 합니다. 더 건강해지고, 더 행복해지고 있는 것 같습니다.

다만, 두 사람이 한 가지 일을 하다 보니 생각이 부딪힐 때가 많습니다. 이 부분은 평생 고쳐 나아가야 할 부분이라고 생각합니다.

결혼 생활이 신앙생활에 끼치는 영향이 있다면 무엇인가요?

결혼 생활은 신앙에 있어 '양날의 칼'이 될 수 있다는 생각이 듭니다. 배우자가 생기기 전에는 모든 일에 대해 하나님께 호소하고 기댔는데 이제는 제 삶에 배우자가 채워 주는 부분이 급격히 커져서 배우자에게 더 기대게 됩니다. 쉽게 말해 배우자가 너무 큰 존재, 즉 우상과 같은 존재가 되기 쉬운 것 같습니다.

반면에 배우자와 함께, 현재 우리에게 닥친 위협과 우리가 꿈꾸는 미래에 대해 나누며 하나님께 기도할 때면 아주 큰 은혜를 받습니다. 따라서 결혼 생활은 신앙생활에 좋은 영향을 끼치기도 하지만, 자칫하면 안 좋은 영향을 끼칠 수도 있을 것 같습니다.

내가 되고 싶은 신앙인의 모습에 대해 이야기해 주세요.

나이가 들어서도 젊은 세대들과 소통하는 신앙인으로, 그동안 경험했던 하나님에 대해 증언하며 살고 싶습니다. 또 앞으로도 영원히 저와 함께하실 하나님을 기대하는 신앙인이 되고 싶습니다.

송현미 | 37세 | 천문학 연구원 | 모태 신앙

확실히 기독교 안에 있어야
인간에 대한 입체적 이해를
갖게 된다는 것을 느낀다.

자기소개를 한다면.

나는 천문학을 연구하는 연구원인데, 별보다 사람에게 더 관심
이 많다. 인간은 왜 이럴까(꼭 부정적인 측면만을 말하는 건 아
님), 라는 질문을 많이 하면서 사는 것 같다. 혼자 생각을 펼쳐
가는 데 한계를 많이 느껴서 질문에 해답을 줄 수 있을 것 같
아 보이는 영화나 책에 혹하는 경향이 있다.(귀가 얇다.) 또 진
지함을 녹여 낸 유머러스한 대화를 사랑한다.

요즘에는 어떤 연구를 하고 있는지?

여러 프로젝트를 하고 있는데, 가장 시급하지만 너무 오래 질

질 끌고 있어서 빨리 끝내야 하는 연구에 대해 말해 보겠다. 은하들이 많이 모여 있는 '은하단'이라는 구조물이 있는데, 그 구조물을 구성하고 있는 은하들의 질량에 따른 개수 분포를 연구하는 것이다. 쉽게 말하면, 은하의 질량에 따라 개수를 세는 것인데, 이 작업을 하는 이유는 은하의 형성 및 진화 양상에 따라 은하의 질량 분포가 달라질 수 있기 때문이다. 특별히 은하단이라는 환경은 은하가 많이 모여 있기 때문에 그만큼 은하들 사이에 다양한 상호작용이 일어나고, 이는 다른 환경과는 다른 질량 분포를 만들어 낸다. 따라서 은하단을 포함한 여러 환경에서의 은하의 질량 분포를 비교 연구함으로써 은하 형성과 진화를 이해할 수 있게 된다.

은하 형성과 진화에 대한 이해가 우리 삶에 어떤 영향을 줄까?

하나님이 이렇게 해서 우리를 만드셨구나 하는 이해를 갖게 될까?ㅎㅎ 사실 내가 하는 일은 먹고사는 일에 직접적인 연관이 없는, '쓸데없어 보이는' 일이다. 명확하게 알 수 없는 이유로 나를 포함한 누군가는 이 일을 계속 하고 있으니까 다른 '쓸데없어 보이는' 일의 존재에 대해서도 긍정적으로 생각해 보게 된다.

여러 연구들을 통해 무엇을 얻는지?

인내와 절제, 성실성, 자기 부인, 이웃 사랑 등을 훈련하게 된다. 모든 일이 그렇겠지만 연구를 하면서 나태해지고 싶은 유혹, 남과 비교하는 유혹, 그러다 보면 우월감에 빠지거나 열등감에 빠지거나 남을 판단하거나 하는 유혹을 자주 받는데, 그 가운데서 인내와 절제, 성실성, 자기 부인, 이웃 사랑 등을 훈련하게 되는 것이다. 부수적으로 얻는 것은 두뇌 훈련 및 지적 욕구 충족?

코로나 시대에 어떻게 살고 있는지? 특별한 일이 있었는지 궁금하다.

직업 특성상 컴퓨터가 있고 인터넷 사용만 가능하다면 일할 수 있어서, 업무상으로는 다행히 코로나의 영향을 받지 않는 편이다. 다만 학술 교류에 제한을 받았는데, 2020년 전반기에 국내외 많은 학회가 취소되었고, 하반기 학회들은 현장에서 제한적으로 개최되거나 온라인으로 이루어졌다. 평소 모든 업무적 미팅도 온라인으로 하고 있다. 특별한 일은 없었지만, 휴가를 못 가서 슬프다.

코로나 때문에 교회에 갈 수 없었을 때 어땠는지?

매주 온라인으로 예배를 드리고, 청년부 모임도 온라인으로 했다. 온라인이다 보니 아무래도 몸이 편하고 어디에 있든지 참여할 수 있어서 자유도가 높긴 했다. 그래서 멀리 있는 사람들과도 함께 모임을 할 수 있다는 것은 좋았다. 하지만 오프라인 예배와 모임이 그립다. 예배는 서로 대화하면서 드리는 것이 아니라서 온라인에서나 오프라인에서나 큰 차이를 못 느끼지만, 교회의 분위기와 성가대나 찬양 팀의 찬양을 한 공간에서 듣는 것이 예배를 구성하는 중요한 요소임을 깨닫게 되었다.

온라인으로 청년부 모임을 하기에는 아무래도 제약이 크다. 여러 사람이 동시다발적으로 하는 말이 매끄럽게 전달될 만큼 화상회의 플랫폼이 발달하지 못했고, 무엇보다 큰 제약은 인터넷이 잘 터져야 한다는 것이다.(비바람이 심한 날에는 온라인 모임을 하기가 매우 어렵다.) 그런데 이 문제가 보완된다고 하더라도 같은 공간에서 직접 만나는 모임이 훨씬 좋은 것 같다. 온라인 모임만 하다 보니, 예전에 잘 모르는 사람과 한 조가 됐을 때 같은 테이블에 말 없이 앉아 있으면서 느꼈던 어색함마저 그리울 정도다.

코로나 사태가 종식되면 가장 먼저 무엇을 하고 싶은지?

프랑스에 있는 친구를 만나러 가고 싶다. 같이 일하는 친구인데. 일 년에 한 번씩은 서로가 상대방의 나라를 방문하거나 같은 학회에 참석하는 식으로 일정을 맞춰서 만났었다. 만나서 함께 연구도 하고 짬을 내서 여행도 가는데 작년과 올해는 온라인 회의로 일만 해서 아쉽다.

교회에서 주도한 집회로 인한 코로나 집단감염 사건에 대한 기사를 접했을 때 어떤 생각이 들었나?

내가 이해하는 기독교의 가르침에 부합하지 않는다고 생각했다. 그래서 기독교인으로서 화가 나기도 하고 아쉽고 안타까웠다. 그런데 다른 정치사회 문제에서도 내 기준에는 상식적으로 보이지 않지만 나름의 신념을 가지고 열성적으로 나서는 사람들이 있듯이, 기독교인 중에도 그런 사람이 당연히 있을 것이라고 생각한다. 이 문제를 비롯해 여러 문제에 있어서도 그런 사람들을 볼 때마다 다시 한번 생각을 점검해 보게 된다. 그 사람들이 맞는지 틀린지 모를 일이지만, 정말 그 사람들이 틀렸고 잘못된 쪽에 서 있다면, 그들이 돌이킬 때까지 나는 내 일상과 책임에 충실하면서 기도하며 기다리는 수밖에 없다고 생각한다.

기독교인으로서 코로나 시대를 어떻게 보내면 좋을까?

이스라엘 백성들이 바벨론 포로 생활을 견딘 것처럼, 신자들이 자연재해나 전쟁과 같은 재난을 어떻게 견뎠을지를 상상해 보면서 도움을 받는 것 같다. 지난날에 대해 회개하고 이 상황을 겪어 내면서 짓게 되는 죄는 없는지 생각해 보고, 하나님이 우리를 불쌍히 여겨 고난을 거두어 주시기를 기도하면서 보내야 할 것 같다.

매 주일 교회에 빠지지 않고 나갔던 이유는 무엇인가?

나는 절제력이 없어서 자율학습을 못하는 스타일이라. 보는 눈이 있고 강제력이 있어야 뭐라도 한다. 그래서 매주 교회에 열심히 갔던 것 같다. 대전에 살 때도 서울에서 다니던 교회에 매주 갔는데 그때는 서울에 계시는 부모님도 볼 겸, 겸사겸사 갔다. 신앙에 대한 열정이 크다고 보긴 힘들 것 같다.

지금까지 어떤 교회들을 다녔나?

나는 모태 신앙인으로서, 어릴 때부터 내가 살던 동네에서 가까운 교회로 엄마를 따라 다녔다. 그중에서 가장 오래 다녔던 교회는 침례교회인데 신자들이 굉장히 열성적이었던 점이 기억에 남는다. 다만 나는 그 열성을 따라가기 힘들어 고민이 많았다.

지금 다니는 교회에 계속 다니는 이유는 무엇인가?

교회마다 강조하는 부분이 다른 것 같은데 직전에 다녔던 교회는 성령의 은사와 신자의 열심, 그리고 그 열심 뒤에 따라오는 복을 강조했다. 한편 나는 믿음이 어떻게 생기는지와 구원의 확신, 신자가 겪어야 하는 고난에 대한 궁금증이 있었는데 이에 대한 답이 잘 찾아지지 않아 괴로워하던 찰나 내 고민을 들으신 전도사님 한 분이 지금 다니는 교회를 추천해 주셔서 찾아오게 되었다.

이 교회를 계속 다니는 이유는 아직 여기서 배울 것이 많아서다. 또 아직 정규직이 아니라서 여기저기 옮겨 다니며 살아야 하는데 그럴 때마다 교회까지 옮겨 다니기는 힘들고 해서 계속 다니는 중이다. 나중에 정착하게 되는 직장이 지금 다니는 교회와 그리 멀지 않다면 계속 다니겠지만, 만약 멀어진다면 정착한 지역에 있는 교회에 다니게 될 것 같다.

교회에서 어떤 활동들을 했는지?

작년에 만 삼십 세 이상의 미혼 청년들이 모여 있는 청년부에서 회장을 맡았다. 회장이든 무엇으로든 공동체에 기여하고 싶긴 했는데 일 때문에 시간과 마음에 여유가 없었다. 그러던 중 청년부 안에서 먼저 교회를 섬기던 선후배 동기들을 가까이에서 지켜보다가 어려운 상황에도 불구하고 순종하며 일하는 모습들을 보고 감동을 받아 나도 조금씩 마음이 움직였던 것 같다. 청년부에 출석한 지 5년째 되어서야 실행에 옮길 수 있게 되었지만.

청년부 회장을 하면서 힘들지는 않았나?

시간을 내는 것은 힘들었지만, 신앙생활에 대한 열정과 청년부에 대한 마음이 좀 더 생겨서 좋았다.

교회에 대한 좋은 기억이 있다면?

이전에 다녔던 교회에서 중고등부 교사로 봉사했을 때 재미있었다. 아이들과 '으샤으샤'도 하고, 드럼을 치던 친한 친구와 틈만 나면 교회에 가서 피아노 치고 드럼 치면서 같이 찬양했다. 다른 교인들만큼은 아니었지만 나도 어느 정도 열심이 있었나 보다. 지금 생각해 보면, 그 열심을 다른 곳에서 안 풀고 교회에서 풀었던 게 참 다행이다.

교회에서 겪은 좋은 일과 나쁜 일이 있다면?

공동체 안에서 누군가를 소외시키는 일이 있었는데 그 이유가 정당했든지 그렇지 않았든지, 나쁘다고 생각한다. 반면에 자기보다 남을 배려하는 모습들은 전부 좋은 기억으로 남아 있다. 사소한 일들이라 혼자만 기억하고 있는 순간들일 수 있다.

마음에 들었던 목사님과 좋지 않게 여겨졌던 목사님이 있다면 어떤 유형들이었는지?

마음에 들었던 목사님은 큰 그림을 제시해 주시는 분이다. 동시에 인간은 하나님의 뜻을 다 알 수 없음을 인정하시는 분. 좋지 않게 여겨졌던 목사님은 세속적인 복을 너무 강조하는 분이다. 또 하나님의 뜻을 다 알고 있는 것같이 확신에 차 있는 분도 좋지 않게 여겨진다.

교회에 나가고 싶지 않았던 적이 있다면 이유가 무엇인가?

말씀이 은혜가 되지 않을 때. 보통은 내 상태가 좋지 않을 때 말씀이 은혜가 되지 않는 것 같다.

나에게 교회란 어떤 곳인가?

배우고 훈련하는 곳이다. 또한 그 훈련을 같이할 동지들이 있는 곳.

교회가 어떤 곳이 되었으면 좋겠나?

갈 길을 잃은 사람들이 길을 찾을 수 있는 곳이었으면 좋겠다. 또한 위로가 필요한 사람들이 왔을 때 따뜻하다고 느낄 수 있는 곳이 되었으면 좋겠다. 그리고 각자의 인생 속에서 치르는 전투 가운데 전우애를 느낄 수 있는 곳이 되었으면 한다.

언제 신앙심이 생겼나?

'신앙심이 생겼다'는 것을 '구원받은 사실에 대한 인정'으로 이해하고 답을 한다면, 정확한 시점을 꼽을 수는 없지만 꽤 최근인 것 같다. 모태 신앙인이라서 더욱 이렇다 할 회심의 사건이 없었을 뿐더러 방언 같은 은사도 없었기 때문에 구원의 확신이 있냐는 질문을 받으면 늘 주저했다. 그런데 지금 다니는 교회에서 신앙 훈련을 받으며 내 안에 있던 질문들 자체가 나에게 신앙이 있음을, 하나님에 대한 감각이 살아 있음을 방증하고 있다는 것을 알게 되었다. 또한 그런 의문과 답답함을 조금씩 해소해 가는 가운데, 믿음에 대한 확신도 점점 커진 것 같다. 여전히 극적인 회심의 사건이나 신비한 은사는 없지만, 구원의 확신은 생겼다. 내 구원은 예수님께서 이미 이루셨는데, 이제야 내가 인지하고 인정하게 되었음을 이해하게 되었다.

내 안에 있던 질문들 자체가
나에게 신앙이 있음을,
하나님에 대한 감각이 살아 있음을
방증하고 있다는 것을 알게 되었다

–

나는 왜 기독교 신앙을 계속 유지하고 있다고 생각하는지?

믿음을 내가 만든 것이 아닌 것처럼, 기독교 신앙을 내가 유지하고 있다기보다는 하나님이 내 신앙을 유지시켜 주시는 것 같다. 참 설명하기가 어렵다. 내가 할 수 있는 것은 없고 하나님이 그렇게 해 주시는 것인데, 그렇다고 내가 하나님으로부터 조종(?)을 당하는 기계나 무생물이라는 말은 아니다. 정말 설명하기 어렵다. 모든 믿음의 선배들이 이렇게밖에 설명을 못하지 않았을까. 앞으로도 설명하기 어려울 것 같다. 아무튼 내가 하는 것이 아니기 때문에 이 질문에 대한 답을 할 수 없을 것 같다. 그래도 억지로 대답을 해 보면, 기독교가 제시하는 우주와 인간에 대한 설명이, 다른 어떤 사상이나 종교와 비교했을 때 나에게 가장 설득력 있기 때문이다.

현재 고민하는 신앙 문제가 있다면 무엇인가?

코로나 시대에 신앙의 교제를 어떻게 해야 할지 고민이다. 또한 주변에 대한 사랑과 이해가 부족하다는 것이 고민이다. 예수님이 보여 주신 사랑과 내가 할 수 있는 사랑의 간극을 끊임없이 인식하게 되는데 그게 괴롭다. 미래에 대한 불안감에 압도되는 것 또한 괴롭다.

주로 어떤 내용으로 기도하는지?

내 믿음을 붙들어 주십사 기도한다. 또한 내 앞에 어떤 일이 일어나든지 믿음으로 감당할 수 있기를 기도한다.

나에게 신앙이 있어서 좋은 점과 나쁜 점은 무엇인가?

세상 모든 것이 하나님의 통치 아래 있음을 알고 이해하고 인정하게 되어 마음이 편해지는 점이 좋다. 좀 더 넓은 마음을 가질 수 있게 되었다고 할까. 나쁜 점은 인내해야 한다는 가르침을 더 이상 외면할 수 없다는 것이다. 인내하기 싫은데, 다 때려치우고 싶은데, 인내하라는 말씀이 떠올라 때려치울 수 없게 되는 것이 힘들다.

나에게 신앙이 없다면 지금 어떤 삶을 살고 있을까?

허무주의에 빠지지 않았을까 싶다. 세상을 이해하고 싶은 욕구는 있었을 텐데 기독교 다음으로 세상을 잘 설명하는 것이 허무주의인 것 같기 때문이다.

직장에서 친한 동료들과는 주로 어떤 이야기를 하는지?

연구 이야기를 빙자한 자기 한탄을 한다.ㅎㅎ 또 그때그때 이슈가 되는 정치사회 문제(를 이야기하다가 싸운다. ㅋ).

교회에 다니지 않는 지인들은 기독교나 교회에 대해 어떻게 생각하던가?

주변에서는 기독교인들이 세속적 복을 얻으려고 교회에 다닌다고 생각한다. 성경에 나와 있는 예수님의 가르침(하나님 사랑, 이웃 사랑, 자기 부인 등)이나 기독교의 정수를 잘 모르는 것 같다. 당연한 건가?

기독교에 대한 비판도 많이 들었다. 사회적으로 물의를 일으킨 기독교인들을 들어서 기독교인이면 일반 사람들보다 도덕적으로 더 훌륭해야 하지 않냐, 그런데 왜 이분들은 안 그러냐는 식의 비판을 많이 들었다. 그런데 이런 이야기를 듣고 나서 생각해 보면, 확실히 기독교 안에 있어야 인간에 대한 입체적 이해를 갖게 된다는 것을 느낀다. 내가 기독교인이 아니었으면 그들과 같은 비판을 하고 있었을 것 같다.

기독교인이 아닌 사람과 결혼할 수 있나?

예전에는 그럴 수 있다고 생각했는데 지금은 아니다. 사람마다 각자 중요하게 생각하는 것이 다르겠지만, 나는 많은 시행착오를 겪으면서 세계관이 비슷한 사람과의 교감이 가장 중요하다는 것을 깨달았다. 기독교인이 아니어도 비슷한 세계관을 가진 사람이 있다면 결혼할 수 있겠지만, 기독교인이 아닌데 기독교적 세계관을 가진 사람은 흔치 않을 것 같다.

사람들 앞에서 교회 다닌다고 말하고 싶지 않은 순간이 있다면 언제인가?

누군가가 교회나 교회 다니는 사람에게 공격적인 태도를 보일 때, 그래서 내가 어떤 말을 해도 상대가 듣지 않을 것 같을 때 교회 다닌다고 말하고 싶지 않다.

스스로를 기독교 신자라고 할 수 없을 것 같은 순간이 있다면 언제인가?

나의 의를 드러내려고 하는 순간인데, 이런 순간이 정말 많다. 거의 매 순간이라고 할 만큼. 그럴 때 나 스스로를 신자라고 하기가 부끄럽다.

기독교 신앙이란 무엇이라고 생각하는가?

인간이 처한 현실(죄와 사망)을 아는 것, 그리고 하나님을 신뢰하는 것이라고 생각한다. 하나님의 성품과 우리 각자를 향한 하나님의 계획을 믿는 것이고, 더 넓게는 세상을 향한 하나님의 계획을 믿는 것이라고 생각한다.

삶이란 무엇이라고 생각하는가?

하나님이 주신 기회이자, '견뎌야 하는 것'이라고 생각한다.

'잘 사는 것'이란 무엇이라고 생각하는가?

하나님의 뜻에 따라 사는 것. 나보다는 이웃을, 하나님을 생각하고 사랑하며 사는 것.

현재 삶에 만족하는지?

만족하든 안 하든 견뎌야 하는 삶이다…라고 하는 것은 만족하지 못한다는 걸까? 지금은 만족보다는 불만족에 가까운데, 결국 만족하는 자리로 하나님께서 나를 이끌어 가실(성장시키실) 것이라고 생각한다.

삶이 만족스럽지 못해서 힘들 때는 무엇을 하며 견디는지?

잠으로 도피, 말씀으로 도피, 상상의 세계(소설 속으로) 도피한다.

하나님의 성품과
우리 각자를 향한 하나님의 계획을 믿는 것,
더 넓게는 세상을 향한 하나님의 계획을 믿는 것

–

언제 행복을 느끼는지?

하루 계획한 일을 다 했을 때 행복을 느낀다. 또 가까운 친구들
과 충만한(?) 대화를 했을 때도 행복을 맛본다.

같은 신앙을 가진 친구들과는 어떤 이야기를 하는지?

주로 고난에 대해서 이야기한다. 삶이 고난스러우니. 고난은
늘 우리의 관심사다. 그래도 마냥 징징대기보다는 해학으로 풀
어내려고 애쓴다. ㅎㅎ

고난을 무엇이라고 정의하고 싶은가?

성장할 수 있는 기회. 그런데 고통은 피할 수 있으면 적극 피하
고 싶은 것이다. 동시에 '내가 아직 멀었구나'를 확인하게 해 주
는 장치다. 하나님이 허락하시는 시험지랄까.

**고통스러운 시간을 어떻게 보내는지? 그 순간 기도할 마음이
생기는지?**

최근에 여러 가지 일이 한꺼번에 닥쳤다. 일과 건강, 그리고 인
간관계까지 모두 내 기대와 어긋나게 된 일이 있었다. 온라인
으로 설교 말씀을 반복해서 듣는 것 말고는 할 수 있는 게 없

었다. 기도했다기보다 "하나님, 저 어떻게 하면 좋나요!" 하고 울 수밖에 없었다. 좀 더 씩씩하게 견디며 기도할 수 있었다면 좋았겠지만, 다른 것이 아닌 하나님을 찾았다는 게 어디나 싶기도 하다.ㅎ

내가 되고 싶은 신앙인의 모습은?

예수님이 죽기까지 우리를 사랑하셨던 것처럼(당연히 이만큼은 못하겠지만…) 이웃을 사랑할 수 있는 신앙인이 되고 싶다. 근데 너무 어렵다. 이웃은커녕 가족도 마찬가지고 가까운 지인들도 그렇고 먼 지인들도 그렇고, 이웃을 사랑하지 못하는 나를 너무 자주 마주하게 된다. 이 글을 쓰고 있는 지금도 말이다.

또 하나님의 크심을 더 알아 가고, 경험하는 신앙인이 되고 싶다. 그러려면 어떤 고난이라도 감당할 각오가 되어 있어야 할 것 같은데… 후….

어쨌든 이웃과 나 자신을 예수님께서 가르쳐 주신 방식으로 사랑할 수 있는 신앙인이 되고 싶다.

김복춘 | 38세 | 은행원 | 교회생활 16년 차

하나님을 부인하고 살 수 없다는 것을
깨달았을 때 하나님을 진짜로
믿고 있다는 생각이 들었습니다.

자기소개 부탁드려요.

저는 현재 은행원이고, 요즘 제 관심사는 부동산, 경매, 재테크
입니다. 정년퇴직 후에는 돈을 많이 벌어서 고아원을 차리거나
장학 사업을 하고 싶습니다. 그 정도로 돈을 많이 벌지 못한다
면, 신생아 위탁가정이나 고아원 봉사활동 등을 생각하고 있습
니다.

그러려면 정년퇴직 즈음에 사회복지사, 장애인 특수교육사
를 비롯한 자격증도 취득해야겠고, 내가 정말 이 일을 할 수 있
을지를 확인해 보기 위해 다양한 봉사활동도 해 봐야겠다는 등
잡생각이 많습니다.

특이 사항으로, 첫째 아이가 발달장애라 조금 특별한 삶을

살고 있고, 그 아이를 어떻게 독립시킬까 하는 데 대한 특별한 계획이 있습니다. 그 과정에서 저와 비슷한 어려움을 겪고 있는 부모들을 동참하게 하고 그들을 도울 방법이 있을지 생각해 봅니다.

코로나 시대에 일하는 방식은 어떻게 달라졌나요?

은행원의 업무 특성상 일하는 방식에는 거의 차이가 없습니다. 근무시간이 약간 줄어들었습니다.

코로나 시대에 어떻게 살고 있나요? 특별한 일이 있었는지 궁금합니다.

다른 사람들과 마찬가지로 외부에 잘 나가지 못하는데, 그나마 공원에 가서 기분 전환을 하곤 합니다. 특별한 일은 없었습니다.

요즘에는 무슨 생각을 하면서 지내나요?

나이가 더 들었을 때 어떻게 살아갈지에 대해 고민합니다. 앞에서 말한 대로 원하는 사업을 어떻게 구체화할지에 대해 주로 생각합니다.

코로나 시대에 교회에 갈 수 없었을 때 기분이 어땠나요?

누가 예배드리러 오라고 하지도 않고, 예배를 드리지 않아도 신경 쓰는 사람이 없고, 교회에 왔다 갔다 하지 않아도 되고, 교회 모임도 없어서 시간이 남으니 몸은 편해서 좋았습니다. 온라인 예배는 꼬박꼬박 드렸는데, 아무래도 오프라인 예배보다는 집중이 잘 안됩니다.

교회에서 주도한 집회로 인한 코로나 집단감염 사건에 대한 기사를 접했을 때 어떤 생각이 들었나요?

'하나님은 원래 우리와 비대면이다'라고 하신 어떤 목사님의 말씀이 생각났습니다. 사회에 피해를 끼칠 수도 있고 누군가는 죽을 수도 있다는 것을 알면서도 굳이 대면 예배 등을 강행한 일에 대해서는 지나치다고 생각합니다.

기독교인으로서 코로나 시대를 어떻게 보내면 좋을까요?

비대면 예배를 열심히 드리고, 기독교인이라고 욕먹을 만한 일들은 일단 하지 않는 것이 좋을 듯합니다.

코로나 사태가 종식되면 가장 먼저 무엇을 하고 싶나요?

아이들을 데리고 여행도 하고 마음껏 돌아다니고 싶습니다. 또 성경 공부 모임도 하고 싶습니다. 온라인으로 비대면 성경 공부를 하면, 함께 공부하는 사람들과 친밀감도 떨어지고 공부에 대한 흥미도 떨어지는 것 같습니다. 일단 함께 모여서 과자라도 먹어야 서로 친해지고, 그런 친밀함 속에서 이야기도 하고 그래야 성경 공부가 더 잘되는데, 비대면으로 하는 성경 공부는 아무래도 제한적입니다.

매 주일 교회에 빠지지 않고 나갔던 이유는 무엇인가요?

안 가면 다른 사람들 눈치가 보여서 나갔다고 할 수 있습니다. 교회에 안 가면 무슨 큰일이라도 난 듯이 교회 사람들로부터 무슨 일 있었냐고 전화가 오거든요.

교회에 빠지지 않고 나가는 또 하나의 이유는 제가 평소 성경도 잘 안 읽고 기도도 잘 안 해서 교회라도 열심히 나가야겠다고 마음먹었기 때문입니다. 제가 생각하는 믿음에 대한 최소한의 기준이 주일성수라고 생각합니다. 그래서 주일 예배와 성경 공부는 꼭 참석하려고 합니다.

저는 제 자신에 대해 신앙심이 깊다고 생각하지 않고, 오히려 '날라리 신자'나 '선데이 크리스천'으로 소개한 적도 있습니다. 그러나 하나님이 계시다는 사실은 부인할 수가 없습니다.

그간의 성경 공부를 통해서 그런 믿음이 생겼습니다.

처음 어떻게 교회에 가게 되었나요?

제가 다닌 고등학교는 미션스쿨이었습니다. 그때 저는 무신론자였는데, 고등학교 3학년 때 마음이 가난해짐을 느끼고 처음으로 기도라는 것을 해 보게 되었습니다. 마음에 드는 대학에 가게 되면, 교회도 가고 기독교 동아리에도 가입하겠다는 기도를 했습니다. 그런데 지원한 대학 중에서 커트라인이 가장 높은 곳에 합격했습니다.

　　그렇게 대학교 입학 후에 하루는 기숙사에서 쉬고 있는데 어떤 선배가 "학교 안에 예수쟁이가 돌아다니면서 전도하고 있다"라고 해서 잘됐다 싶어 일부러 학교 안을 돌아다니다가 처음으로 만나게 된 집사님의 손을 잡고 교회에 가게 되었고, 지금까지 그 교회에 다니고 있습니다.

다른 교회에 간 적은 없었나요?

지금 다니는 교회 말고 다른 교회에 다녀 볼까 한 적도 있는데, 한두 번 가 보고 뭔가 이질감이 느껴져서 가지 않게 되었습니다.

나에게 교회란 어떤 곳인가요?

성도 간에 서로 교제하는 곳이라고 생각합니다. 또 믿음의 본보기들이 있는 곳이라고 생각합니다. 혼자 있으면 쓰러지는데, 그러지 않도록 버팀목이 되어 주는 분들이 있는 곳이라고 생각합니다.

지금 다니는 교회를 계속 다니는 이유는 무엇인가요?

가장 큰 이유는 '떠날 이유가 없으니까'입니다. 우리 교회가 딱히 나쁘거나 다른 교회가 더 좋지는 않기 때문입니다. 지금 다니는 교회는 규모가 작은데 계속 작은 교회에만 다녀서인지 큰교회에 대해 불신이나 적대감 같은 선입견이 있습니다. 대형교회들은 뭔가 정치적일 것 같고, 세속적인 복을 달라는 설교만 할 것 같고, 헌금도 많이 하라고 할 것 같은 그런 느낌이 있습니다.

언젠가 교회를 옮기게 된다면 이유는 무엇일까요?

지난 16년간 그런 일이 없어서 앞으로도 없을 것 같긴 한데, 아마 어떤 계기로 사람들에게 실망하게 되면 교회를 떠날 수도 있지 않을까 싶습니다. 종종 그런 이유로 교회를 떠나는 분들이 있었기 때문입니다. 그런데 친밀해야 실망도 큰 법인데, 저는 실망할 만큼 친한 사람이 없네요.

마음에 들었던 목사님과 좋지 않게 여겨졌던 목사님이 있었다
면 이야기해 주세요.

저는 지적인 사람에게 매력을 느끼는데요, 그런 면에서 지금
다니는 교회의 담임 목사님을 좋아합니다. 그분은 고고학을 전
공하셨고, 이스라엘 선교사이자 가이드 출신이기 때문에 이스
라엘 지리와 역사를 기반으로 성경 공부를 하시는데, 그 점이
너무 좋습니다. 또 사모님 마음씨가 천사같이 좋으시고, 그 자
녀들도 거의 사도급으로 훌륭합니다. 목사님 집안 자체가 성도
들에게 신앙적으로 모범이 된다고 생각합니다.

　반면에 방언 등의 은사를 받아야만 할 것처럼 강조하는 목사
님들을 대할 때는 왠지 모를 거부감이 있었습니다. 그냥 저와는
맞지 않는 느낌이었습니다. 물론 그 교회에 오랫동안 나가 보지
도 않고 목사님을 평가하는 것 자체가 말이 안 되지만요.

교회에 대한 좋은 기억이 있다면 이야기해 주세요.

교회에서 제가 존경하던 어느 선교사님의 삶을 보고 크게 감명
을 받았던 적이 있습니다. 그분을 보았을 때 '하나님께 속한 사
람은 이렇게 사는 거구나. 정말 하나님께 미친 사람이구나' 하

는 느낌을 받았습니다. 그분은 엄청나게 똑똑하고 다재다능한데, '양'들에 대한 사랑으로 자기를 희생해 오직 선교에만 전념하는 삶을 사셨습니다. 그분을 볼 때 정말 예수님처럼 살고 계시다고 생각했는데, 교회에서 그런 모습을 보았던 것이 좋은 기억으로 남아 있습니다.

교회에 가고 싶지 않았던 적이 있다면 이유가 무엇인가요?

가서 뭐하나, 라는 생각이 들 때입니다. 매주 가 봐야 내 삶이 바뀌는 것 같지도 않은데 굳이 가야 하나 싶을 때 교회에 가고 싶지 않습니다. 그럴 때는 의무감으로 교회에 갑니다. 안 가면 더 피곤해지는 일이 생길까 봐 가는 것이라고 할 수 있습니다. 물론 매번 이런 생각이 드는 것은 아니고, 그냥 제 무의식에 기본적으로 깔려 있는 것 같습니다.

교회가 어떤 곳이 되었으면 좋겠나요?

가고 싶은 곳이 되었으면 좋겠습니다. 그러려면 교회에 친한 사람들이 있거나, 만나면 즐겁고 반가운 사람들이 있어야 할 것 같습니다. 그 사람들과 굳이 신앙 이야기를 하지 않더라도 평소 삶에 대해 서로 이야기하고 그러면서 사람 사이에 정이 생겨 서로에 대해 생각하고 서로의 삶에 대해 느끼고 서로가

가진 다른 생각들을 나누고 그 안에서 동질감을 경험하면서 자신이 속해 있는 조직에 대한 애정이 생겨야 한다고 생각합니다. 그러기 위해서는 교회에 나와 비슷한 성향이나 가치관을 가졌거나, 관심사나 나이가 비슷한 사람들이 있어야 할 것 같고, 그것들이 다르더라도 서로에 대해 궁금해하고 내가 모르는 것들에 대해 좋아할 수 있는 분위기가 있어야 할 것 같습니다. 그러니까 교회 안에서 가장 중요한 것은 관계성이라고 생각합니다. 그러한 관계가 형성되어야 각자의 신앙을 지키는 데도 도움이 되지 않을까요? 저 또한 예전에 사람들과의 관계에서 얻은 좋은 기억들이 많아서 아직까지 같은 교회에 다니고 있는 것 같습니다.

언제부터 신앙심이 생겼나요?

대학교 1학년 때부터 교회에 나가기 시작했고 그때부터 성경 공부와 기독교 동아리 활동도 하게 되었습니다. 그런데 성경 공부를 하면 할수록 점점 하나님이 계시다는 확신이 들기 시작했습니다. 말씀을 듣고 생각해 보면, 성경 말씀이 진리라는 생각이 들었고 나중에는 성경 말씀을 부인하고 싶어도 할 수가 없었습니다.

신앙이 변화되었다고 느꼈던 계기가 있었나요?

신앙의 변화를 느낀 정확한 때나 계기 같은 것은 없었습니다.

나에게 신앙이 있음을 어떻게 확인할 수 있을까요?

'내가 하나님을 믿는 건가 믿지 않는 건가' 하면서, 별의별 생
각과 회의에 빠져 한참을 보낸 적이 있었습니다. 심지어 누군
가는 제가 아직 하나님을 만나지 못했다고 말하기도 했습니다.
저도 지금은 잘 모르겠지만 나중에 생이 다해 하나님 앞에 서
면 정확하게 알 수 있을 것 같습니다.

　하지만 분명한 것은, '내가 하나님을 만나지 못했고, 하나님
을 믿지 않는 건가? 그럼 나도 세상 사람들처럼 마음대로 하고
싶은 것 다 하고, 하나님이 없다고 하면서 살아야지!' 하고 살
아지지는 않는다는 것입니다. 하나님을 부인하고 살 수 없다는
것을 스스로 깨달았을 때, '아, 내가 하나님을 진짜로 믿고 있구
나!' 하는 생각이 들었습니다.

현재 고민하는 신앙 문제가 있다면 무엇인가요?

삶과 신앙이 분리되어 있는 것 같은 느낌이 듭니다. 살아 있지
않은 신앙, 죽은 신앙 같은 느낌입니다. 신앙이 있는데도 삶에
는 변화가 없어서 그런 것 같습니다. 그런데 이렇게 생각하면

서도 기도는 하지 않습니다. 마치 '공부해야 하는데' 하고 걱정하면서 놀기만 하는 철없는 수험생 같습니다. 성경을 읽고 기도하면서 믿음을 견고히 해야 한다고, 언제나 답은 명확히 알고 있는데 실제로는 잘 안되고 있는 것 같아서 고민입니다.

나에게 신앙이 없다면 지금 어떤 삶을 살고 있을 것 같나요?

기독교를 '개독교'라고 욕하는 사람들과 똑같이 살고 있을 것 같습니다. 법의 테두리 안에서 내가 하고 싶은 모든 것들을 다 하면서요. 그런데 곰곰이 생각해 보니까, 지금 제가 살고 있는 모습과 큰 차이는 없을 것 같네요.

나에게 신앙이 있어서 좋은 점과 나쁜 점은 무엇인가요?

신앙이 있어 좋은 점은, 변하지 않는다는 점입니다. 기복이 없고 세상일에 쉽게 휘둘리지 않는 점이 좋습니다. 다만 신앙이 성장하지 않는 것처럼 느껴지는 점은 좋지 않습니다.

어떤 내용으로 기도하나요?

하나님께서 원하시는 대로 제 능력과 제 삶을 쓰시도록 기도합니다. 돈을 많이 벌게 해 달라거나, 좋은 지점이나 좋은 부서로

가게 해 달라거나, 승진하게 해 달라는 기도는 하지 않습니다. 다만 '하나님이 원하시는 대로, 하나님이 보시기에 저에게 좋은 방향으로 일이 이루어지게 해 주세요'라고 기도하고, 결과에 대해서는 정말로 하나님이 원하시는 대로, 하나님이 보시기에 저에게 유익한 방향으로 일이 이루어진 것이라고 믿습니다.

인생에 시련이 닥쳤을 때 그런 기도를 합니다. 예를 들면 첫째 아이가 발달장애에 자폐증까지 있다는 것을 알았을 때입니다. 그전에 저는 장애가 있는 사람들을 업신여기며 색안경을 끼고 보거나 귀찮아하거나, 장애인을 둔 가족들을 보면서 '인생이 참 힘들겠다. 어떻게 사나'라고 생각했는데, 그랬던 저를 하나님이 연단하시려고 제가 그런 사람들을 이해하고 돕는 방향으로 인생을 살도록 하신 것을 경험했습니다. 분명히 하나님께서 인도하신 것이라는 느낌이 들었습니다. 자녀가 장애아라도 얼마든지 행복할 수 있습니다.^^

살면서 기도다운 기도는 몇 번 해 보지 않은 것 같은데, 자녀가 장애 판정을 받았을 때와 같이 시련을 겪는 순간에는 그런 기도를 하게 됩니다. 하나님이 생각하시기에 저에게 가장 좋은 방향대로, 오직 그 방향대로 살게 되기를 기도합니다.

친한 동료들과는 주로 어떤 이야기를 나누나요?

정년퇴직하고 무엇을 할 거냐는 질문들을 많이 합니다. 그때

결과에 대해서는
정말로 하나님이 원하시는 대로,
하나님이 보시기에 저에게 유익한 방향으로
일이 이루어진 것이라고 믿습니다

-

제 계획을 이야기하고 사람들의 생각을 들어 봅니다. 허무맹랑한지, 괜찮은지, 나중에 같이할 생각이 있는지. 대부분이 제 계획은 좋은데, 같이할 생각은 없다고 합니다.

교회에 다니지 않는 지인들은 기독교인에 대해 어떻게 생각하던가요?

한마디로 말해 '위선자'로 보는 것 같습니다. 착한 척, 좋은 척은 다 하면서 실제로는 그렇지 않고, 같이 오물을 뒤집어쓰고 있으면서도 자기는 아닌 척, 자기는 더 나은 척을 하지만 실제로는 교회 다니지 않는 사람보다 더 비도덕적이기도 한 사람들. 개인주의, 집단이기주의, 자기들과 다른 생각을 가진 사람을 배척하고, 자기들 생각에 동조하는 사람만 옳다고 하고 나머지는 다 틀리다고 하는 아집이 있는 고집불통이라고 생각하는 것 같아요. 이런 내용을 직접적으로 듣지는 않았지만, 대부분 그런 뉘앙스로 이야기하는 것 같습니다. 그 사람들 눈에는 그렇게 보일 수 있는 부분이 있다고 생각하고, 실제로도 상당 부분 맞는 말이라고 생각합니다.

사람들 앞에서 교회 다닌다고 말하고 싶지 않은 순간이 있다면 언제인가요?

모든 순간에 하나님의 자녀라고 할 만한
생각과 가치관을 가지고 있는지,
일상생활에서 말과 행동으로 보여 주면서
그리스도의 향기를 내는 것이
진짜 전도라고 생각합니다

-

언제나입니다. 교회 다니는 것이 자랑스럽지는 않습니다. 그렇다고 부끄럽지는 않지만, 교회 다닌다고 하면 일단 우호적인 시선보다는 부정적인 시선이 더 많으니까 굳이 '저 교회 다녀요'라고 말하고 싶지 않습니다.

그러면 전도는 어떻게 하나를 생각해 볼 수 있는데요. 정말 특별한 순간이라고 생각되지 않으면 하지 않습니다. 전도는 삶으로 보여 줘야 한다고 생각하기도 하고요. 모든 순간에 하나님의 자녀라고 할 만한 생각과 가치관을 가지고 있는지, 일상생활에서 말과 행동으로 보여 주면서 그리스도의 향기를 내는 것이 진짜 전도라고 생각합니다.

회사 사람들은 제가 교회 다니는 것을 다 아는데, 그래서 회사에서는 더욱더 언행을 삼가게 됩니다. '교회 다닌다더니, 뭔가 좀 다르네'라는 생각을 심어 주고 싶기 때문입니다.

스스로를 기독교 신자라고 할 수 없을 것 같은 순간이 있다면 언제인가요?

같은 죄에 반복적으로 빠질 때입니다. 정말 미치겠습니다. 머리로는 알겠는데 몸이 안되니 정말 돌아 버릴 것 같아요. 기도도 많이 해 봤는데 그냥 허공에 삽질하는 기분이 듭니다. 지금은 그냥 반 포기 상태고요.

삶이란 무엇이라고 생각하나요?

시험이라고 생각합니다. 시험지에 답을 적고 나중에 채점받는 것입니다. 답은 행동으로 직접 적어 내는 것이겠죠. 살면서 하는 생각과 행동과 말들이 모두 다 자기가 적어 낸 답안지가 되고, 그것으로 나중에 채점을 받는 것입니다.

물론 하나님을 믿으면 구원을 받지만, '믿는다'라는 말은 너무나도 심오하고 오묘한 것 같습니다. '믿는다'는 말은 정말 간결하게 들리는 세 음절인데, 그것이 나의 삶 전체를 통해 증명되어야 한다고 생각하니 무겁게 다가옵니다. 정말 믿는다면 삶이 바뀌어야 할 테니까요.

현재 삶에 만족하나요?

삶은 완벽을 추구하면서 끊임없이 채우고 수정해 가는 것이라고 생각합니다. 하지만 완벽해질 수 없으니, 죽을 때까지 만족할 수 없겠죠?

'잘 사는 것'이란 무엇이라고 생각하나요?

행복하게 사는 것이라고 생각합니다.

언제 행복을 느끼나요?

사람들과 사랑을 주고받을 때입니다. 정말 이것이 전부입니다. 잘 사는 것은 행복하게 사는 것이고, 행복은 '사랑'을 주고받는 것이라고 생각합니다. 가장 쉽게 행복을 느끼는 순간은 가족 간, 특히 부모 자식 간에 사랑을 주고받을 때입니다. 이런 사랑 을 이웃과도 할 수 있는 사람이 있다면 거의 예수님 수준이라 고 생각합니다.

하버드에서 '행복'에 관한 연구를 수십 년째 해 오고 있다던 데, 그 중간 결과를 보면, 인간의 행복은 돈과 어느 정도 비례 한다고 합니다. 정확한 숫자는 기억나지 않지만, 연봉이 1억 원 정도가 될 때까지 행복감도 상승한다고 되어 있었습니다. 그런 데 그 이상의 연봉을 받는 것은 행복과 비례하지 않는다고 합 니다. 그 정도의 경제적 자유를 누리고 나면, 그 이상의 돈은 사람에게 더 이상 행복을 주는 조건이 아니라는 것입니다. 그 외에 인간에게 행복을 주는 것은 바로 '관계에서 느끼는 사랑' 이었습니다. 그 부분을 확인했을 때, 성경에서 늘 말하는 '하나 님을 사랑하고 이웃을 사랑하라'는 내용과 연결되는 것 같아서 약간의 전율이 느껴졌습니다.

고통이란 무엇이라고 생각하나요?

저를 강하게 하는 것이라고 생각합니다. 니체가 그랬다고 하던데, 나를 죽이지 못하는 고통은 나를 강하게 만든다, 라고요.

고통의 시간을 어떻게 보내나요? 그 순간 기도할 마음이 생기나요?

고통의 시간이라고 할 만한 순간이 별로 없었던 것 같습니다. 정말 죽을 것 같은 그런 느낌은 연애할 때 말고는 없었습니다. 고통의 시간이라기보다는 특별한 시간이라고 할 만한 순간들이었는데, 대학에 들어갔을 때, 취업했을 때, 결혼했을 때, 자녀를 낳았을 때, 엄마가 돌아가셨을 때, 첫째가 장애 판정을 받았을 때, 본점으로 발령 났을 때 등등입니다. 고통스러웠던 적은 없었고, 물론 그 모든 순간에 기도를 열심히 했습니다.

　고등학생 때 입시 준비를 하면서 마음이 가난해졌을 때, 인생에서 크게 기도해야 할 세 가지에 대해 생각했는데, 대학 입학, 취업, 결혼이었습니다. 이 세 가지는 제가 원하는 방향으로 기도했고, 하나님이 제가 원하는 대로 모두 다 이루어 주셨습니다. 결혼 후에는 마치 '다 이루었다'라는 느낌이 들었고, 그 뒤로는 크게 원하는 것이 없었습니다. 그 이후로는 모든 상황에서 하나님이 보시기에 저에게 유익한 방향으로 일이 이루어지게 해 달라고 기도했습니다. 나쁘게 말하면 열정적으로 기도한 적이 별로 없는 듯합니다.

신앙이란 무엇이라고 생각하나요?

하나님 앞에 홀로 섰을 때 '네가 나를 사랑하느냐'라는 질문에 '네'라고 답할 수 있는 것이라고 생각합니다. 저는 아직 그 대답을 확신 있게 못할 것 같아요. 하나님이 제 삶의 어디까지 개입하고 계신지를 잘 모르겠는 때가 있기 때문입니다. 마치 제가 다니고 있는 은행의 은행장님 같은 느낌이랄까요. 분명히 하나님이 계신 것은 알겠고, 제 삶에 영향을 주신다고 생각하고, 제가 하나님께 충성해야 한다고도 생각하지만, 제가 하나님을 사랑하는지 물으신다면, 글쎄, 거기까지는 아직 좀 모르겠습니다.

내가 되고 싶은 신앙인의 모습에 대해 이야기해 주세요.

앞에서 말한 선교사님처럼 되고 싶은데, 그럴 수 있을 것 같지는 않습니다. 어쩌면 그것은 하나님이 저에게 맡겨 주신 역할이 아닌 것 같아요.

신앙인으로서 그간 성경에서 배운 내용들을 삶으로 직접 살아 낼 수 있는 사람이 되고 싶습니다. 하지만 성경 말씀대로 살기에는 제 스스로가 너무 부족한 것 같습니다. 그래도 결국에는 하나님 앞에 혼자 섰을 때 '네가 나를 사랑하느냐'라는 질문에 '네, 제가 하나님을 정말 사랑합니다'라고 대답하고 싶습니다.

정유진 | 37세 | 출판 편집자 | 모태 신앙

하나님은 변함없이
저를 사랑하고 계시다는 생각을
지울 수가 없습니다.

자기소개 부탁드려요.

안녕하세요. 저는 책을 만드는 일을 하고 있습니다. 직업은 정적인 편인데, 평소에는 운동하는 것과 활동적인 것을 좋아합니다. 호기심이 많고, 이유는 모르겠지만 주류보다는 비주류적인 것에 관심이 갑니다. 웃긴 상황이나 웃긴 이야기 등 재미있는 것을 좋아해서, 개그프로를 즐겨 봅니다. 성격은 내성적이라 말이 없는 편인데 친한 소수에게는 제 밑바닥까지 보여 주고 싶어서 안달이 납니다.

하는 일에 대해 이야기해 주세요.

10년 넘게 해 온 책 만드는 일을 계속하고 있습니다. 오랫동안 한 가지 일을 하다 보니 일에 대한 감각이 무뎌지는 것 같아요. 처음에 가졌던 일에 대한 자부심도 점점 사라지고 기계적으로 일하게 되고요. 그럼에도 제가 이 일을 계속하는 이유를 생각해 보면, 작업하는 책의 내용이 저에게 신앙적으로 도움을 주기 때문입니다.(기독교 책을 편집합니다.) 제 삶에서 가장 중요한 부분이기 때문에 감사히 여기며 이 일을 계속하고 있는 것 같습니다.

코로나 시대에 일하는 방식은 달라졌나요?

주 업무가 원고를 교정하는 것이라서 일하는 방식이 달라지진 않았습니다. 교정지와 빨간 펜과 노트북만 있으면 그런대로 일이 가능합니다.

코로나 시대에 어떻게 살고 있나요?

작년에는 오랫동안 재택근무를 했고, 직원들이 한 명씩 돌아가면서 출근을 했습니다. 기름값을 아낄 수 있는 것과 몸이 편한 것은 좋았는데, 집에서는 집에서대로 일하고 출근해서는 혼자 일을 처리해야 해서 무진장 정신없는 하루를 보냈던 것이 생각납니다.

또 수영장이 오랫동안 폐쇄되었는데, 수영장에 너무 가고 싶었습니다. 친구들과는 밖에서 만나지 못하고 서로의 집에서 만날 수밖에 없었는데, 그래서 친구들이 어떻게 살고 있는지 더 자세히 볼 수 있었고 그 기회로 더 가까워진 것 같습니다.

코로나 바이러스 때문에 교회에 갈 수 없었을 때 기분이 어땠나요?

온라인 예배를 드린 지 거의 1년이 되었는데요, 아직도 예배를 드리는 느낌이 나지 않고 동영상을 본다는 느낌이 더 강합니다.(자꾸 딴짓을 하게 됩니다.ㅠ) 교회 친구들과는 평상시에 집에서 모여 대화하고 놀기 때문에 교제에 대한 아쉬움은 크지 않지만, 예배는 예전처럼 교회에서 드리고 싶은 마음입니다.

교회에서 주도한 집회로 인한 코로나 집단감염 사건에 대한 기사를 접했을 때 어떤 생각이 들었나요?

뉴스에서 그런 사건을 다룰 때 '기독교'나 '교회'라고 언급하는데, 그렇게 사회에 물의를 빚으면서 집회나 대면 예배를 강행하는 종교 집단은 기독교가 아닌 것 같다는 생각이 들었습니다. 그런 기사를 접할 때면 '저 사람들이 기독교인가? 아닌 것 같은데'라는 물음이 머릿속에 계속 맴돌던 것 같습니다. 갑자기 누가 제 모습을 보고 '저 사람이 기독교인가? 아닌 것 같은데'라고 할 것 같은 순간들이 생각나서 할 말이 없어집니다. 아무튼 신자라면 다른 사람들에게 도움은 못 될망정 피해를 주어서는 안 된다고 생각합니다.

기독교인으로서 코로나 시대를 어떻게 보내면 좋을까요?

교회에서 마스크를 벗고 마음껏 찬양하고 예배드릴 수 있는 날이 올 때까지, 다른 사람들을 배려하는 마음으로 방역 수칙을 잘 지키고, 이 시기에 도움이 더 필요한 곳은 없는지 관심을 가지고 둘러보며 여건이 되면 도와주면서 조용히 살아가면 좋을 것 같습니다.

코로나 사태가 종식되면 가장 먼저 무엇을 하고 싶나요?

제일 먼저 이탈리아로 여행을 가고 싶고, 운동할 때 마스크를 벗고 마음껏 숨을 내쉬고 싶습니다. 즐겨 찾던 맛집도 걱정 없이 가고 싶어요.

코로나 사태가 있기 전, 매 주일 빠지지 않고 교회에 나갔던 이유는 무엇인가요?

주일에는 당연히 예배를 드려야 한다는 생각으로 살아온 습관 때문인 것 같습니다. 기독교인이 아니었다면 주말마다 배낭을 메고 어디론가 떠났을 성격인데, 그러지 못하는 유일한 이유가 교회이기도 합니다. 저에게는 선택권이 있지만 제 삶에는 여행보다 중요한 것이 있다고 생각하기에 교회에 빠지지 않고 나가려 했던 것 같습니다.

처음 어떻게 교회에 가게 되었나요?

언제부터인지 정확히 기억나지 않지만, 제가 아주 어릴 때부터 온 가족이 교회를 다니고 있어서 저도 자연스럽게 교회에 다니게 되었습니다.

어떤 교회들을 다녔나요?

어릴 때는 부모님이 다니는 교회에 다녔고, 나중에는 친구를 따라 다녔고, 집에서 가까운 교회에 다녀 보기도 했습니다. 이렇게 되는대로 다녔는데, 제가 어느 곳에 있든 주일에 교회를 나가기만 하면 된다고 생각해서 교회를 선택하는 데에 크게 신중을 기하지는 않았습니다. 그런데 오랜 기간 교회생활을 해

오면서 교회 선택의 중요성을 크게 깨닫게 되었습니다.

나에게 교회란 어떤 곳인가요?

주일마다 가서 예배를 드리는 곳, 같은 믿음을 가진 친구들이 있는 곳, 언제든지 가서 기도할 수 있는 곳, 나를 위로해 줄 사람들이 있는 곳, 내 신앙에 대해 생각해 볼 수 있는 곳이라고 여겨집니다.

지금 다니는 교회를 계속 다니는 이유는 무엇인가요?

제 신앙에 도움이 된다고 생각하기 때문입니다. 지금 다니는 교회는 제가 편협하게 알고 있었던 기독교와 교회와 신앙에 대한 시각을 바로잡아 바른 안목을 가질 수 있도록 도와준 면이 있습니다. 그 계기로 하나님에 대해 이전보다 조금은 더 알 수 있게 된 것 같고 기독교와 신앙에 대해서도 마찬가지입니다. 이런 깨달음은 살아가면서 부딪히는 문제들과 맞물려서 얻게 되는 것 같은데, 그렇기 때문에 살면서 여러 문제들에 부딪힐 때마다 당시 제가 가진 신앙의 관점이 얼마나 중요한지를 느끼게 되었습니다. 이런 경험을 해 보지 못했더라면, 지금도 삶에서 겪는 여러 일들에 대해 (더욱이 신앙이라는 명분을 들어) 잘못된 해석을 가지고 살았을 것 같아서 답답해집니다. 이런 깨달음을 얻게 된 면에서 큰 도움을 받았고, 아직까지 제 신앙생활에 긍정적인 영향을 준다고 여겨서 지금 다니는 교회를 계속 다니고 있습니다.

언젠가 교회를 옮기게 된다면 이유는 무엇일까요?

집에서 거리가 멀어서 오고 가는 시간이 너무 오래 걸리면 교회를 옮기게 될 것 같습니다. 그렇지만 이제는 가깝다고 아무 교회나 갈 것 같지 않고, 교회 분위기와 목사님과 성도들을 보고 제 신앙이 바르게 성장할 수 있는 교회인지를 먼저 생각해 보게 될 것 같습니다.

마음에 들었던 목사님과 좋지 않게 여겨졌던 목사님이 있었다면 이야기해 주세요.

하나님에 대해 더 잘 알 수 있도록 도와주는 목사님이나 하나님 말씀을 정확하게 전하려고 애쓰는 목사님이 좋게 여겨집니다. 또 사람들이 아파할 때 예수님이 보이셨을 것 같은 마음을 보여 주시는 목사님도 좋게 여겨집니다. 반면, 교인들의 숫자에 집착하는 목사님에 대해서는 어릴 때부터 반감이 있었습니다.

교회에 대한 좋은 기억과 나쁜 기억이 있다면 이야기해 주세요.

초등학생 때는 주일학교에서 친구들과 노는 것이 너무 재미있어서 월요일부터 금요일까지가 주일이고, 학교는 일요일 하루만 나갔으면 좋겠다고 생각했던 때가 있었습니다. 그때는 친구가 좋아서였지만, 어쨌든 교회가 재미있는 곳으로 기억되어 다행이라고 생각합니다. 나쁜 기억은 딱히 떠오르지 않는데 이점도 다행이라고 생각합니다.

교회에 가고 싶지 않았던 적이 있다면 이유가 무엇인가요?

교회가 마음에 안 들어서 가고 싶지 않았던 적은 없었습니다. 살다 보면 학교에 가기 싫은 날도 있고 학원에 가기 싫은 날도 있고, 운동하러 가기 싫은 날도 있고 일하러 가기 싫은 날도 있는데, 이상하게 교회에 가고 싶지 않았던 적은 없었다니 저도 신기합니다. 안 가도 누가 뭐라고 하지 않으니까 오히려 더 잘 나갔던 것 같기도 합니다. 다만 긴 여행을 하고 싶어서 교회를 빠지고 싶었던 적은 있어요.

교회가 어떤 곳이 되었으면 좋겠나요?

하나님에 대해 더 알아 가는 데 도움이 되는 곳이었으면 좋겠고, 누구에게든지 무엇으로든지 부담을 주지 않는 곳이 되었으면 좋겠습니다.

언제 신앙심이 생겼나요?

모태 신앙인으로 자연스럽게 신앙심이 생긴 것 같습니다. 정확히 언제 신앙심이 생겼는지는 모르겠습니다. 확실한 건 삶에 지칠 때마다 저를 버티게 하는 유일한 것은 신앙뿐이라는 생각이 듭니다. 다른 것들로는 근본적인 해결이 되지 않거든요.

신앙이 성장한 계기가 있었나요?

어떤 계기로 신앙이 급성장한다기보다는 키가 크고 생각이 자라듯이 신앙도 조금씩 자라나고 있는데 평소에는 잘 느끼지 못하다가 삶에 큰일이 닥쳤을 때 잠재되어 있던 신앙심이 발현되는 것 같습니다. 문제가 발생할 때 그 일을 감당할 신앙의 수준이 충분하든지 부족하든지, 어쨌든 시간은 계속 흘러가고 문제는 끊임없이 발생하기 마련이니, 신자로서 무엇을 선택하고 어떻게 생각해야 하는지에 대한 답도 그때 가진 신앙의 수준만큼 하게 되는 것 같아요. 그래서 신자라면 어떤 일이든 감사하게 감당할 수 있도록 평소에 신앙이 꾸준히 자라나기를 바라고 구하는 수밖에 없는 듯합니다.

나는 왜 계속 기독교 신앙을 유지하고 있다고 생각하나요?

신앙이 없으면 어떻게 살아가고 있을지 잠시 상상해 봤는데 삶이 더 허무해질 것 같습니다. 그렇다면 왜 기독교 신앙을 유지하고 있는지도 생각해 봤는데, 그 문제는 스스로도 이해가 잘되지 않습니다. 남들이 다 한다고 무작정 따라하거나, 다른 사람 말에 휘둘리는 성격이 아니라서 누가 저에게 강요한다고 믿을 수 있는 것도 아닌데, 제가 왜 기독교 신앙을 유지하는지 알수 없기 때문입니다. 더욱이 저는 평소에 원칙적이고 합리적인것을 좋아하는데 기독교가 가르치는 내용은 오히려 이치에 맞지 않고 논리적이지 않다고 볼 수 있습니다. 그리스도가 십자가에 달려 죽으신 사실 자체부터 이미 말 다한 것 같습니다. 아무리 생각해도 저에게서는 이유를 찾을 수가 없으니 하나님이제 신앙을 유지시켜 주고 계신 것이 확실하다고 여겨집니다.

현재 고민하는 신앙 문제가 있다면 무엇인가요?

우리는 신자로서 다른 사람을 이해하고 사랑해야 하는데, 인간은 타인의 고통을 결코 이해할 수 없다는 점이 요즘 저의 최대고민입니다. 같은 일을 겪었다면 그나마 서로를 더 이해할 수있습니다. 그런데 사람은 너무나도 다양해서 같은 일에 대해서도 누군가는 심각하게 받아들이지만 누군가는 대수롭지 않게 여깁니다. 그러니 자기가 겪어 보지 않은 일에 대해서라면

우리는 서로에게 얼마나 무관심할 수밖에 없을까요. 예전에는 이 문제에 대해 깊이 생각해 보지 않았었는데, 저를 포함해 주변에 여러 일들이 일어나면서 그 일들을 접할 때, 그 일을 겪는 사람의 마음을 온전히 느낄 수 없는데도 불구하고 우리는 서로에게 상처를 주지 않을 수 있고, 서로를 이해하고 사랑할 수 있을까, 과연 우리가 그럴 수 있을까, 하는 생각을 하게 되었습니다. 물론 어느 정도는 상대의 마음을 헤아리고 적절한 위로도 가능하겠지만, 거기에는 분명 한계가 존재하는데 진정으로 서로를 이해하고 사랑할 수 있으려면 그 한계를 넘어서야 할 것 같기 때문입니다. 이런 고민은 그 한계 때문에 상처를 주고받은 경험에서 나온 것 같은데, 온갖 아픔을 다 겪어 보면 더 많은 사람을 이해하고 서로 상처를 주고받지 않는 것에 유리해지려나 하고 생각한 적도 있습니다. 그래서 어떤 작가는 '우리는 최선을 다해 타자를 상상해야 한다'라고 쓴 것 같은데, 그러니까 우리는 거기까지밖에 할 수 없다는 점이 요즘 저의 신앙 고민이라고 할 수 있습니다.

주로 어떤 내용으로 기도하나요?

먼저 오늘 하루를 살 기회를 허락해 주심에 감사드립니다. 그리고 현재 저의 상황을 나눕니다. 요즘에 이런 일들이 있고, 제 생각과 마음은 어떤지 이야기하면서 하나님은 어떻게 생각하시는지 묻게 됩니다. 하나님은 어떻게 생각하실 것 같다고 감히 추측해 보기도 하고, 제가 어떻게 하면 좋을지 물어도 보지만, 답은 없습니다. ㅋ 그래도 확실한 것은 기도를 하고 나면 마음이 편안해지고, 하나님께서는 늘 제가 기도하기를 기다리고 계셨다는 생각이 듭니다.

나에게 신앙이 있어서 좋은 점과 나쁜 점은 무엇인가요?

힘든 일을 겪을 때 버틸 수 있는 힘…은 아니고, 버텨야 할 이유가 된다는 것이 신앙이 있어 좋은 점이라고 생각합니다. 저는 어떤 일이 일어나면 그 일이 일어난 이유를 찾기 좋아하는데 이유가 있다는 것만으로도 논리가 성립되니까 설득되고 받아들일 수 있기 때문입니다. 그래서 어떤 일에 대해 납득이 잘 안될 때는 이유와 원인을 샅샅이 찾으며 스스로를 다잡아 보는데, 지금 내가 신앙 안에서 왜 이런 훈련을 받고 있는지를 곰곰이 생각해 보면 그 일을 납득할 수 있게 아니, 납득할 수밖에 없게 되기 때문입니다. 울며 겨자 먹기일까요. ㅎ 그래도 삶에서 일어나는 여러 일들을 납득할 수밖에 없도록 만들어 준다는 점이 저에게 신앙이 있어 좋은 점이라고 할 수 있습니다. 그래서 쉽게 자포자기할 수 없는 것은 나쁜 점입니다. ㅎ

확실한 것은 기도를 하고 나면 마음이 편안해지고,
하나님께서는 늘 제가 기도하기를
기다리고 계셨다는 생각이 듭니다

–

나에게 신앙이 없다면 지금 어떤 삶을 살고 있을 것 같나요?

원래 단순한 것을 좋아하는데, 지금보다 더 단순하게 살고 있을 것 같습니다. 오래 고민해 보지 않은 단순한 선택, 단순한 결정을 하고 무슨 일이 일어나든지 단순하게 답을 내릴 것 같습니다. 그렇게 사는 게 겉으로는 더 편해 보여서인데, 그렇게 된다면 다른 사람에 대해서 깊이 이해하려 하지 않고 제 삶에 대해서도 깊이 이해하려 하지 않은 채로 살아갈 것 같아서 끔찍하네요.

동료들과는 주로 어떤 이야기를 하나요?

사무실에서는 주로 먹는 것에 관한 이야기를 많이 합니다. 새로운 맛집이나 신메뉴를 발견하면 공유하고 배달 주문을 하거나 사 와서 간식으로 함께 먹기도 합니다. 맛있는 걸 함께 먹는다는 것은 우리에게 아주 중요한 일입니다. 아마 가장 빠르고 손쉽게 누군가와 행복을 공유할 수 있는 방법이어서 그런 게 아닌가 싶습니다. 그러니까 주로 행복을 느끼는 것에 대해 이야기한다고 말하고 싶습니다. ㅎㅎ

교회에 다니지 않는 지인들은 기독교인이나 교회에 대해 어떻게 생각하는 것 같나요?

예전에는 아니었는데, 이제 제 주변 사람들은 거의 다 교회에 다니고 있어서 교회에 다니지 않는 사람들이 교회나 기독교에 대해 어떤 생각을 갖고 있는지 들어 볼 기회가 많지 않습니다. 예전 기억을 더듬어 보면, 기독교인이 아닌 사람들은 기독교인을 생각할 때 술 먹으면 안 되는 사람, 뭐 하면 안 되는 사람 정도로 봤던 것 같습니다. 들어와 보지 않은 세계이니 당연하겠지만, 참 피상적인 인식이었던 것 같습니다.

사람들 앞에서 교회 다닌다고 말하고 싶지 않은 순간이 있다면 언제인가요?

교회에 대한 이해가 부족한 사람들 앞에서는 교회 이야기를 꺼내지 않습니다. 누가 종교를 물어보면, 기독교이고 교회에 다닌다고 말하지만 물어보는 질문에 대한 답 외에는 어떤 이야기도 하지 않게 됩니다. 아마 기독교인이나 교회에 대해 사람들이 흔히 갖는 선입견 때문인 것 같은데, 역으로 저에게도 교회 다니지 않는 사람들에 대한 선입견이 생겼다고 할 수 있겠네요.

스스로를 기독교 신자라고 할 수 없을 것 같은 순간이 있다면 언제인가요?

좀 더 배려하고 희생할 수 있는 순간에 선뜻 그렇게 하지 못했

을 때, 스스로를 신자라고 할 수 없을 것 같습니다. 그 순간 제 자리를 다시 확인하게 되고 아직 갈 길이 멀게 느껴집니다.

삶이란 무엇이라고 생각하나요?

예전에는 삶을 여행길이라고 생각했는데, 지금은 아닌 것 같습니다. 여행할 때는 길을 잃어도 기차를 놓쳐도 그런대로 흥미롭고 괜찮았는데, 삶에서는 문제가 생기면 쉽게 괜찮아지지 않으니, 여행길은 아닌 것 같습니다. 아직 다 살아 보지 않아서 잘 모르겠지만 삶은 '잠깐 기쁘고, 오래 힘들고, 다시 잠깐 기쁘고, 다시 힘들고'의 무한반복인 것 같아요. 그러는 동안에 머리가 터지도록 고민하고 분석하면서 생각이 아주 조금씩 자라나는 것이라고 생각합니다.

현재 삶에 만족하나요?

어느 부분에서는 만족하지만, 어느 부분에서는 만족스럽지 않습니다. 인간이 이렇게 복잡한 존재인 줄 어릴 때는 미처 몰랐습니다.

'잘 사는 것'이란 무엇이라고 생각하나요?

나이를 먹을수록 생각과 지혜가 점점 자라나, 삶을 유연하게
받아들이며 살아갈 수 있게 되는 것이라고 생각합니다. 그러려
면 내공이 단단하게 쌓여야 가능할 것 같은데, 그 특효약이 기
독교 신앙이라고 생각합니다.

언제 행복을 느끼나요?

이불 속에 들어갈 때, 맛있는 것을 먹을 때, 여행할 때, 사랑하
는 사람들과 대화할 때 행복을 느낍니다. 하지만 삶에서 누리
는 행복은 너무나도 짧은 것 같고, 진정한 행복을 느끼려면 천
국에서나 가능할 것 같습니다.

고통이란 무엇이라고 생각하나요?

인간은 자기가 처한 현실을 받아들일 수 없을 때 고통을 느끼
는 것 같습니다. 현실을 받아들일 수 없는 이유는 이루어질 수
없는 것을 바라기 때문인 것 같은데, 그래서 바라는 게 없으면
고통에서 벗어날 수 있을지도 모르겠습니다. 그런데 사람은 바
라는 게 이루어져도 끊임없이 바라는 게 생기는 존재인 것 같
아요. 우리는 오직 하나님으로밖에 만족할 수 없는 존재이기
때문이라고 생각하는데, 아직 저는 눈에 보이는 것들을 바라는

삶은 '잠깐 기쁘고, 오래 힘들고,
다시 잠깐 기쁘고, 다시 힘들고'의
무한반복인 것 같아요

–

마음에 더 익숙하기 때문에 이 지점에서 허덕이느라 고통스러운 것이 아닌가 싶습니다.

고통의 시간을 어떻게 보내나요? 그 순간 기도할 마음이 생기나요?

너무 힘이 들면 기도는커녕 억울함과 분노가 생기고 하나님을 원망하게 됩니다.(하나님, 용서하세요.) 그러다가 화낼 힘도 빠지고 스스로가 너무 못난 것 같아서 차라리 사라져 버리면 좋겠다는 생각이 듭니다. 그런데 그 순간에도 하나님은 변함없이 저를 사랑하고 계시다는 생각을 지울 수가 없습니다. 그래서 결국에는 기도의 자리로 가게 됩니다.

신앙이란 무엇이라고 생각하나요?

하나님이 저에게 허락해 주신 시간을 살아가는 동안, 하나님과 하나님의 뜻에 대해 알아 가고 그 뜻에 순종하게 되는 것이라고 생각합니다.

내가 되고 싶은 신앙인의 모습에 대해 이야기해 주세요.

제 앞에 어떠한 일이 주어지더라도 제 삶 자체는 어쨌든 하나님 안에 있다는 사실을 절대 잊지 않아서, 아무리 낯설고 당황스러운 일들을 만나도 무너지지 않고 겸허히 받아들이는 신앙인이 되고 싶습니다. 어려울 것 같지만요.